I0018569

Angelo Rossi
Samuel Pierre

Systèmes de détection d'intrusion pour les réseaux mobiles ad hoc

Angelo Rossi
Samuel Pierre

Systèmes de détection d'intrusion pour les réseaux mobiles ad hoc

Un livre complet sur les systèmes de détection d'intrusion pour réagir efficacement aux attaques visant les réseaux mobiles ad hoc

Éditions universitaires européennes

Mentions légales/ Imprint (applicable pour l'Allemagne seulement/ only for Germany)

Information bibliographique publiée par la Deutsche Nationalbibliothek: La Deutsche Nationalbibliothek inscris cette publication à la Deutsche Nationalbibliografie; des données bibliographiques détaillées sont disponibles sur internet à l'adresse http://dnb.d-nb.de.
 Toutes marques et noms de produits mentionnés dans ce livres demeurent sous la protection des marques, des marques déposées et des brevets, et sont des marques ou des marques déposées de leurs détenteurs respectifs. L'utilisation des marques, noms de produits, noms communs, noms commerciaux, descriptions de produits, etc, même sans qu'ils ne soient mentionnés de façon particulière dans ce livre ne signifie en aucune façon que ces noms peuvent être utilisés sans restriction a l'égard de la législation pour la protection des marques et des marques déposées et pourraient donc être utilisés par quiconque.

Photo de la couverture: www.ingimage.com

Editeur: Éditions universitaires européennes est une marque déposée de
Südwestdeutscher Verlag für Hochschulschriften Aktiengesellschaft & Co. KG
Dudweiler Landstr. 99, 66123 Sarrebruck, Allemagne
Téléphone +49 681 37 20 271-1, Fax +49 681 37 20 271-0
Email: info@editions-ue.com

Produit en Allemagne:
Schaltungsdienst Lange o.H.G., Berlin
Books on Demand GmbH, Norderstedt
Reha GmbH, Saarbrücken
Amazon Distribution GmbH, Leipzig
ISBN: 978-613-1-52009-9

Imprint (only for USA, GB)
Bibliographic information published by the Deutsche Nationalbibliothek: The Deutsche Nationalbibliothek lists this publication in the Deutsche Nationalbibliografie; detailed bibliographic data are available in the Internet at http://dnb.d-nb.de.
 Any brand names and product names mentioned in this book are subject to trademark, brand or patent protection and are trademarks or registered trademarks of their respective holders. The use of brand names, product names, common names, trade names, product descriptions etc. even without a particular marking in this works is in no way to be construed to mean that such names may be regarded as unrestricted in respect of trademark and brand protection legislation and could thus be used by anyone.

Cover image: www.ingimage.com

Publisher: Éditions universitaires européennes is an imprint of the publishing house
Südwestdeutscher Verlag für Hochschulschriften Aktiengesellschaft & Co. KG
Dudweiler Landstr. 99, 66123 Saarbrücken, Germany
Phone +49 681 37 20 271-1, Fax +49 681 37 20 271-0
Email: info@editions-ue.com

Printed in the U.S.A.
Printed in the U.K. by (see last page)
ISBN: 978-613-1-52009-9

Aux membres de ma famille,
pour leur compréhension et leur soutien.

Table des matières

5

6

Liste des tableaux

Liste des figures

Liste des sigles et abréviations

Abréviation	Description
OSI	Open System Interconnection
AODV	Ad Hoc On Demand Distance Vector
DSR	Dynamic Source Routing
DSDV	Destination Sequenced Distance Vector
ARAN	Authenticated Routing for Ad hoc Networks
SEAD	Secure Efficient Ad hoc Distance vector routing protocol
SAODV	Secure Ad hoc On Demand Distance Vector Routing
CORE	COllaboritive REputation
CONFIDANT	Cooperation Of Nodes : Fairness In Dynamic Ad hoc NeTworks
WDPR	Watchdog-Pathrater
RREQ	Route Request
RREP	Route Reply
PACK	Passive Acknowledge
ACK	Acknowledge
MAC	Medium Access Control
IP	Internet Protocol
PDA	Personal Digital Assitant
IDS	Intrusion Detection System
CA	Centre d'Autorité
LCR	Liste de Certificats Révoqués
SHA	Secure Hash Algorithm
MD	Message Digest
HMAC	Keyed-Hash Message Authentication Code
TESLA	Time Efficient Stream Loss-tolerant Authentication

CHAPITRE 1

Introduction

Dans un contexte de société axé sur la productivité, l'accès immédiat à l'information indépendamment du lieu et du moment est un facteur clé à sa compétitivité. D'ailleurs, l'émergence rapide des réseaux mobiles pour l'échange de données, notamment les réseaux cellulaires et wifi, dans ce nouveau millénaire témoigne bien du virage technologique mondial. Cependant, cette architecture à composantes mobiles demeure toujours basée sur des antennes et contrôleurs fixes qui doivent être présents et fonctionnels afin de garantir le service. Cette dépendance limite drastiquement l'épanouissement technologique d'une société en étant vulnérable à des défaillances causées de manière naturel ou encore par des attaques portées vers des points centralisés stratégiques. L'établissement d'un réseau mobile ad hoc sur-demande indépendamment du lieu et de l'infrastructure présente prend alors toute son importance. La particularité des réseaux ad hoc est l'intégration des fonctions primaires d'un réseau, antérieurement couvertes par des composantes fixes, dans les nœuds mobiles. Par exemple, le routage et la gestion de la topologie dynamique doivent être assurés par chacun des nœuds mobiles qui participent au réseau. Cependant, ces tâches, comme plusieurs autres fonctions essentielles, nécessitent la participation de plusieurs nœuds sans quoi le réseau devient non fonctionnel.

Or, dans un contexte où les nœuds mobiles agissent de manière indépendante (individuellement ou en collaboration, légitimement ou malicieusement) et sont très limités en ressource, notamment en énergie et en bande passante, stimuler la coopération internœuds dans les réseaux ad hoc est un défi de taille. Ce livre présente un modèle de système de détection d'intrusion basé sur la réputation des nœuds qui est résistant aux attaques complices. Pour s'attaquer au sujet, les éléments de base sont d'abord définis et la problématique ainsi que les objectifs de recherche sont présentés. La revue de littérature présente ensuite abord brièvement les différents protocoles de routage pour les réseaux mobiles ad hoc et détaille les différents mécanismes de sécurité existants. Le chapitre III décrit l'architecture du protocole sécuritaire proposée en exposant ainsi les différents concepts ajoutés aux composantes originales pour obtenir une nouvelle classification plus exhaustive des nœuds, un calcul plus efficace de la fiabilité du chemin et une protection accrue contre les attaques complices. Le chapitre IV expose les résultats de tests et d'évaluation de performance qui sont analysés et comparés à d'autres protocoles existants. En guise de conclusion, le dernier chapitre présente une synthèse des travaux et une esquisse des directions de recherche futures.

1.1 Définitions, concepts de base et contexte de recherche

Un réseau mobile *ad hoc* est un ensemble de terminaux mobiles formant un réseau temporaire opérant sans l'installation d'infrastructure et par conséquent pouvant être rapidement déployé. Un tel réseau se distingue de celui classique sans fil de plusieurs manières :

– aucune administration centralisée requise ;
– topologie très dynamique et aléatoire ;
– les terminaux mobiles combinent les rôles de routeur et de station hôte, permettant ainsi d'acheminer de façon autonome les paquets d'un usager à l'autre ;
– l'ajout des responsabilités que les hôtes mobiles doivent accomplir tout en étant alimentés par des sources d'énergie autonomes engendre des contraintes énergétiques encore plus importantes.

Le *routage* dans un réseau ad hoc peut s'effectuer de manière proactive ou sur-demande selon différentes caractéristiques du réseau (i.e. le nombre de sauts qui séparent le nœud courant et la destination, l'état des liens). La collaboration de tous les nœuds est essentielle afin d'analyser les messages, modifier certains champs et les retransmettre vers le bon nœud. Or, la supposition qu'aucun *nœud malicieux* n'est présent dans le réseau est irréaliste, notamment dans un contexte où l'individualisme domine tout comportement d'un nœud.

Les réseaux sont susceptibles d'*attaques passives* et *actives*. Les nœuds effectuant des attaques passives tentent d'être le plus transparents possible, tout en recueillant de l'information pertinente. Les usages sur les données recueillies sont multiples : découvrir la topologie actuelle du réseau et le protocole de routage utilisé, localiser chacun des nœuds, prédire le mouvement des nœuds, etc. Au contraire, une attaque active tente de corrompre les données en modifiant certains champs dans les paquets, de prendre contrôle d'un nœud ou encore de modifier la route des messages. Plus précisément, si l'attaque provient d'un nœud qui n'appartient pas au réseau, elle est considérée comme externe. Dans le cas où un nœud est compromis à l'intérieur du réseau ou tout simplement agit malicieusement de façon volontaire, il s'agit d'une attaque active interne. De plus, plusieurs nœuds malicieux peuvent coopérer afin d'effectuer une *attaque complice* dans le but de déjouer certains mécanismes de protection mis en place.

Un protocole sécuritaire doit combler les trois objectifs principaux suivants : l'*intégrité*, la *confidentialité* et la *disponibilité* des données. L'intégrité des données signifie qu'aucune altération non autorisée n'est possible par les nœuds du réseau. La confidentialité d'un message fait référence à l'impossibilité à un nœud autre que la destination de lire ou d'analyser le contenu d'un message. La disponibilité des données est définie comme étant la capacité à fournir des ressources ou des services à un moment spécifique, ou continuellement pour un intervalle de temps donné.

La confidentialité des données ne peut être assurée que par les solutions *cryptographiques symétriques* ou *asymétriques* qui assurent une protection point à point. Le chiffrage symétrique nécessite une clé secrète partagée entre deux nœuds. Dans un contexte où aucune infrastructure centrale n'est mise en place et que la collaboration de tous les nœuds ne peut être garantie, la distribution des clés privées est un problème non trivial. Une partie de cette difficulté peut être résolue en optant pour un encryptage asymétrique dont les clés distribuées sont publiques et elles ne nécessitent donc pas d'être confidentielles. Chacune de ses clés publiques est liée à une information secrète que seul le nœud connaît (une clé privée) et qui n'est pas distribuée. Les lacunes principales sont d'une part la complexité des calculs et d'autre part la nécessité d'un double encryptage afin d'assurer simultanément l'authentification et la confidentialité. De plus, l'intégrité des clés publiques n'est pas garantie et la mise en place d'une racine centrale qui distribue les certificats numériques dans un environnement sans infrastructure fixe demeure un problème important.

Ces solutions cryptographiques ne garantissent aucunement le bon déroulement des protocoles en place en ne favorisant pas nécessairement la coopération entre les nœuds. Afin de pousser chacun des nœuds à participer, les modèles de coopération agissent avec des renforcements positifs (récompenses) ou négatifs (punitions). Pour y arriver, les nœuds peuvent s'échanger de la monnaie virtuelle [Zhong *et al.* (2003//)] en retour de services (retransmission de messages ou accès à des services distants) ou encore opter pour des mécanismes de gestion de réputation [Rossi et Pierre (2009)]. Plus précisément, les solutions basées sur la réputation des nœuds se basent sur un système de pointage permettant de classifier les nœuds du réseau selon les comportements observés. La classification des nœuds s'effectue selon les rapports d'évaluation reçus et leur état courant dans le réseau. Les système de détection d'intrusion pour les réseaux ad hoc sont constitués du *watchdog* et du *pathrater*. Le premier surveille les nœuds voisins tout en annonçant les anomalies et en mettant à jour la réputation des nœuds qui l'entourent, alors que le second sélectionne les chemins à emprunter en calculant leur *fiabilité*. La fiabilité d'une route est une valeur numérique calculée à partir de la réputation des nœuds formant le chemin.

1.2 Éléments de la problématique

Les solutions cryptographiques [Hu *et al.* (2002); Perrig *et al.* (2001); Sanzgiri *et al.* (2005)] sont intéressantes dans des environnements où les données échangées doivent demeurer confidentielles. Par contre, elles se fient sur le protocole de routage afin de remédier aux exceptions causées par la non-retransmission d'un message. Or les techniques de retransmission utilisées sont rudimentaires en sélectionnant le chemin alternatif avec la plus courte distance qui sépare le nœud courant avec la destination. Puisque la distance ne donne aucune indication sur la fiabilité de la route, le risque qu'au moins un nœud, faisant parti du nouveau chemin sélectionné, soit défaillant demeure élevé. Ces changements de route causent des délais importants dans les réseaux et peuvent même mener à une congestion locale temporaire. Une sélection des routes basées sur le comportement des nœuds qui le composent plutôt que sur la distance devient alors une alternative intéressante. De plus, dans un environnement d'unités mobiles portables, il est possible qu'un nœud authentifié ait été compromis ou encore simplement volé. Les dénis de service causés par les *attaques byzantines* deviennent alors un enjeu majeur à considérer.

Seuls les systèmes de détection d'intrusion qui réagissent en fonction du comportement observé des nœuds voisins peuvent empêcher ces attaques. Les mécanismes de sécurité basés sur la réputation des nœuds ne peuvent constituer en soi une solution sécuritaire complète répondant aux objectifs d'un protocole sécuritaire. Il constitue cependant un ajout essentiel aux solutions cryptographiques. Les systèmes de détection d'intrus basés sur la réputation des nœuds sont donc voués à un avenir très prometteur. Toutefois, quelques faiblesses importantes empêchent leur déploiement.

D'abord, l'idée de ces approches est basée sur un seuil de performance ou de fiabilité qui per-

4

met de distinguer les nœuds opérant normalement de ceux malicieux. Ainsi, si un nœud rejette une quantité trop importante de paquets intentionnellement ou pas, ce dernier sera ignoré pour un certain temps. Une attaque possible contre l'architecture watchdog/pathrater de base [Marti *et al.* (2000)] est la découverte du seuil de fiabilité acceptable par une analyse passive et l'exploitation de cette donnée en rejetant le nombre maximal acceptable de paquets légitimes. Une fois le seuil atteint, le nœud malicieux se comportera normalement afin de regagner ses points perdus et ainsi recommencer le cycle. La solution plus récente, Routeguard [Hasswa *et al.* (2005)], instaure une variable qui compte le nombre de transitions entre un score élevé et le seuil pour ainsi bannir le nœud pendant un temps considérable lorsque la limite est atteinte. Cette idée permet un certain contrôle sur cette faille sans toutefois l'éliminer complètement en concentrant l'abus sur le compteur plutôt que sur le seuil acceptable. Un tel système risque également de suspendre des nœuds légitimes fortement sollicités dus aux congestions possibles.

La seconde problématique se trouve au niveau du calcul de la fiabilité des routes. Le calcul utilisé dans le modèle original [Marti *et al.* (2000)] se base uniquement sur les rapports d'évaluation reçus indépendamment de la fiabilité de la source et des nœuds ayant retransmis le message, de l'âge du rapport et du nombre de nœuds traversés. Des modèles dynamiques de confiance [Liu *et al.* (2004); Rebahi *et al.* (2005)] se sont penchés sur cette problématique en offrant une méthode de calcul beaucoup plus précise, sans toutefois tenir compte du risque d'une attaque complice le long du chemin permettant une modification indétectable du rapport d'évaluation. En effet, suite à une détection d'un comportement anormal abusif, le watchdog émet un message à tous les nœuds du réseau se trouvant à l'intérieur de N sauts afin de leur demander de retirer les chemins qui contiennent ce nœud. Un tel système de vote est vulnérable aux attaques de chantage (diffamation) en permettant à un attaquant de fabriquer ou modifier des alertes afin d'isoler certains nœuds légitimes. L'impossibilité de détecter et d'isoler les nœuds malicieux formant un complot pour cibler une partie ou la totalité du réseau est un problème majeur pour les systèmes basés sur la réputation. Malheureusement, très peu d'études ont été portées à ce sujet [Marshall *et al.* (2003)] et les solutions envisagées se basent sur une cryptographie, et par conséquent, nécessitant une infrastructure centrale de gestion de clés. La figure 1.1 illustre une attaque complice. En supposant que les nœuds B et C sont malicieux, C pourrait falsifier le message à retransmettre vers D sans que B ne révèle la modification.

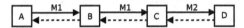

FIGURE 1.1 Exemple d'une attaque complice

1.3   Objectifs de recherche

L'objectif principal de ce travail est de concevoir un mécanisme de sécurité basé sur la réputation des nœuds pour les réseaux mobiles ad hoc. Plus précisément, ce travail vise à :

- analyser les mécanismes de sécurité existants afin d'en déceler les principales faiblesses qu'il faudrait résoudre ou du moins atténuer ;

– proposer un nouveau mécanisme de sécurité basé sur la réputation des nœuds qui permet un calcul plus précis de la fiabilité d'une route tout en évitant l'exploitation abusive du seuil de tolérance et en détectant les attaques complices pour en atténuer les effets par une classification plus exhaustive des nœuds ;

– évaluer la performance de la solution proposée en la comparant aux meilleurs mécanismes identifiés dans la littérature.

6

CHAPITRE 2

Sécurité et routage dans les réseaux ad hoc

Les réseaux ad hoc sont particulièrement vulnérables aux différentes attaques de dénis de service dues à certaines de leurs caractéristiques intrinsèques telles qu'une architecture ouverte et décentralisée, une topologie hautement dynamique et au médium sans fil partagé. Une des premières préoccupations est d'offrir une communication sécurisée entre les nœuds mobiles se trouvant dans un environnement hostile. Ce chapitre se consacre aux différentes solutions élaborées au cours des dernières années. Afin d'y parvenir, les principaux protocoles de routage sont d'abord présentés afin d'en extirper les différentes vulnérabilités. Les solutions sécuritaires point à point basées sur la cryptographie sont ensuite élaborées. Finalement, une attention particulière est portée aux systèmes de détection d'intrusion basés sur la réputation des nœuds. Ces derniers ont eu un intérêt marqué au sein de la communauté scientifique en apportant une nouvelle dimension dans le choix des routes qu'un message doit emprunter.

2.1 Description sommaire des protocoles de routage

Plusieurs algorithmes de routage ont été développés pour les réseaux ad hoc ayant comme but commun d'offrir un routage fiable et efficace dans unab environnement sans infrastructure avec une topologie dynamique. Ils peuvent être classés en différentes familles selon la manière dont les nœuds d'un réseau se partagent le travail de routage, selon le moment où ils initient la découverte de route et selon la manière dont les informations de routage sont échangées.

2.1.1 Classification des protocoles de routage

Similaires à ceux utilisés dans les réseaux câblés, les protocoles proactifs évaluent continuellement les routes sans attendre la nécessité de transmission d'un message. Puisque tous les chemins entre deux nœuds sont connus à l'avance, le délai pour l'établissement de la communication est négligeable. Cependant, les tables de routage sont périodiquement mises à jour et par conséquent l'utilisation de la bande passante est considérable. De plus, le pourcentage d'utilisation des routes disponibles dans la table de chaque nœud est relativement minime. Les protocoles réactifs, quant à eux, initient la découverte de routes lorsqu'un message doit être transmis vers une destination dont la route est absente de la table de routage. Contrairement à la famille des protocoles proactifs, le délai d'attente pour l'établissement d'une communication dont la route est inconnue n'est plus négligeable. Par contre, l'utilisation des ressources du réseau est plus efficace en évitant la découverte de routes inutiles et une mise à jour régulière et continue. Afin de profiter des avantages des deux classes de protocoles, la famille hybride [Nakaoka *et al.* (2006)] conjugue ces deux manières d'initier la découverte de routes.

Les protocoles non uniformes font transiger les messages par des nœuds spécifiques en fonction de leur voisinage ou encore pour former des cellules alors que ceux uniformes utilisent tous les nœuds disponibles pour acheminer les messages.

Finalement, les protocoles de routage ad hoc peuvent être différenciés par le type de maintenance de la table de routage. Ceux considérant les vecteurs de distance favorisent une vision partielle du réseau et se contentent de compter le nombre de sauts d'un nœud à l'autre. Cette famille de protocoles est idéale pour de petits réseaux en préservant la bande passante. Cependant, la quantité d'information étant très limitée, le routage est rarement optimal. À l'opposé, les protocoles exploitant l'état des liens maintiennent leur table de routage à jour grâce à des annonces régulières par les différents nœuds reflétant l'état de l'ensemble des liaisons, permettant ainsi une vision globale du réseau. Cette famille de protocoles exige généralement un calcul plus intense et par conséquent une consommation d'énergie plus élevée afin de trouver la route optimale. Le Tableau 2.1 montre les différents protocoles de routage disponibles.

TABLEAU 2.1 Liste des différents protocoles de routage pour réseau ad hoc

	Réactif	Proactif	Hybride	Vecteur de distance	État des liens	Uniforme	non-uniforme
ABR	X				X	X	
AODV	X			X		X	
CBRP			X		X		X
CEDAR	X				X		X
CGSR		X		X			X
DSDV		X		X		X	
DSR	X				X	X	
FORP	X			X		X	
FSR		X			X	X	
GSR		X			X	X	
HSR		X			X		X
IARP	X				X		X
IERP		X		X			X
OLSR		X			X	X	
SSA	X				X	X	
STAR		X			X		X
WRP		X		X		X	
ZRP			X		X		X

2.1.2   Description du protocole Dynamic Source Routing

Le protocole Dynamic Source Routing (DSR) consiste en la combinaison de deux mécanismes : la découverte et la maintenance des routes. Ce protocole se distingue par son caractère totalement asynchrone des événements (sur demande) tout en offrant un support simplifié pour les connexions asymétriques. Effectuant un usage très agressif du routage de source, le DSR force la source d'un message à définir la route qu'il empruntera. Lorsqu'un nœud désire rejoindre une destination, il effectue d'abord une recherche à travers sa table de routage. Si aucune route n'est trouvée, il transmet une requête de route RREQ broadcast à ses voisins. Sur réception de ce message, les nœuds, qui ignorent une route vers la destination, ajoutent leur identifiant (adresse) à la requête pour ensuite la transférer à ses voisins. Lorsque le RREQ arrive à la destination ou encore à un nœud intermédiaire connaissant une route vers la destination, une réponse de route RREP unicast sera envoyée. Afin de trouver une route vers la source, trois cas sont possibles :

– une route active est présente dans la table de routage ;
– si les liens symétriques sont supportés, le chemin inverse emprunté par le RREQ sera utilisé ;
– le cas échéant, la destination ou le nœud intermédiaire initie une nouvelle découverte de route vers la source.

Une fois que la source a reçu le RREP, il ajoute la route à sa table de routage si elle n'existe pas déjà.Lorsqu'un nœud intermédiaire ne peut rejoindre le prochain nœud établi dans la route prédéfinie, la source en est informée par la transmission d'un message RERR et retire la route de sa table de routage. Afin d'en avertir les autres nœuds, il est également possible de rattacher le message RERR au prochain RREQ qui sera de type broadcast.

Exemple de fonctionnement

L'hypothèse que les nœuds intermédiaires ignorent une route vers la destination est posée. De plus, tous les liens sont symétriques. La Figure 2.1 regroupe 4 sous-figures montrant dans un ordre chronologique la recherche de route dans le protocole DSR.

D'abord, la source A désire rejoindre le nœud destination E. Comme le montre la Figure 2.1(a), L'envoi broadcast des messages RREP est amorcé aux voisins B et C. L'historique de la route est inscrit entre parenthèses.

Les nœuds intermédiaires B et C ajoutent leur adresse dans l'historique du message et le retransmettent de façon broadcast. Cette étape est illustrée par la Figure 2.1(b).

La Figure 2.1(c) montre que le nœud intermédiaire D retransmet successivement les deux requêtes de route vers la destination en prenant soin d'avoir ajouté son adresse dans l'historique du message. Le nœud destinataire reçoit la requête de B et génère un RREP vers A (unicast).

Le nœud destinataire reçoit les requêtes de B et génère deux RREP successivement vers A (unicast).En recevant les RREP, la source ajoute la route principale A-B-DST ainsi que celles alternatives A-B-D-DST et A-C-D-DST.Cette étape finale est illustrée par la Figure 2.1(d).

2.2 Description sommaire des attaques dans les réseaux ad hoc

Caractérisés par un environnement radio sans aucune barrière et sans aucune infrastructure gérant les accès, les réseaux mobiles ad hoc sont exposés à de nombreuses attaques. Ces dernières peuvent être regroupées en deux classes : les attaques passives et actives. Lorsque l'objectif se limite à obtenir

10

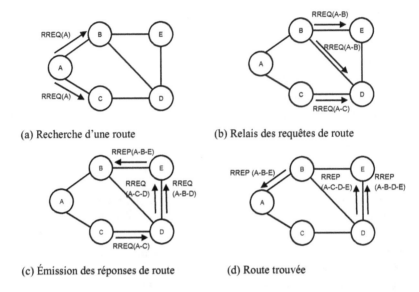

(a) Recherche d'une route   (b) Relais des requêtes de route

(c) Émission des réponses de route   (d) Route trouvée

FIGURE 2.1 Exemple de fonctionnement du protocole de routage DSR.

de l'information en analysant le trafic sans toutefois perturber les opérations du protocole de routage, il s'agit d'une attaque passive. Au contraire, une attaque active tente de corrompre les données en modifiant certains champs dans les messages, de prendre le contrôle d'un nœud ou encore de modifier la route des messages. Plus précisément, si l'attaque provient d'un nœud qui n'appartient pas au réseau, elle est considérée comme externe. Dans le cas où un nœud est compromis à l'intérieur du réseau, il s'agit d'une attaque active interne.

2.2.1 Les attaques passives

Les nœuds effectuant des attaques passives tentent d'être le plus transparents possible tout en recueillant de l'information pertinente. Les usages sur les données recueillies sont multiples : découvrir la topologie actuelle du réseau et le protocole de routage utilisé, localiser chacun des nœuds, prédire le mouvement des nœuds, etc. Le modèle d'adversité passive développé [Kong et al. (2003)] sépare les intrusions des liens et celle des nœuds. La première peut être posée par un nœud ne faisant pas partie du réseau et n'affecte que le lien sans fil. Ce type d'attaque lui permet d'enregistrer les messages broadcast pour déterminer les différents protocoles et fonctions du réseau. Dans une attaque bien organisée, plusieurs participants peuvent collaborer dans le but de fournir des ressources de calcul tierces à l'attaquant. Ceci implique évidemment une connexion très rapide entre ces nœuds. Il faut cependant noter que les ressources peuvent être abondantes, mais non illimitées. Ainsi, la possibilité de décrypter un message avec clé est concrètement impossible. L'intrusion passive d'un nœud, quant à elle, permet d'accéder à la table de routage et de déterminer facilement la topologie du réseau. La détection d'une telle intrusion est loin d'être parfaite et, par conséquent, un attaquant prenant le contrôle d'un nœud légitime peut surveiller tous les messages de contrôle indépendamment du cryptage utilisé.

La Figure 2.2 montre un scénario pour les attaques passives. Un territoire donné est divisé en cellules délimitées par le rayon de transmission radio d'un nœud malicieux se trouvant au centre de chacune d'elles. Toutes les transmissions traversant le rayon du nœud malicieux seront interceptées et envoyées à un centre de traitement pour analyse. Les exemples suivants montrent quelques attaques passives pouvant être menées avec une telle stratégie de déploiement.

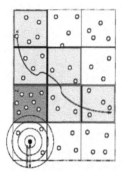

FIGURE 2.2 Attaque passive

Déduction du mouvement

En surveillant les messages entrants et sortants d'un nœud (A), il est possible de déduire son mouvement. La précision du résultat dépend du nombre de nœuds malicieux et de la capacité de traitement des données de la centrale pour ainsi réduire la taille des cellules.

Localisation d'un nœud

Soit une cellule (L). Il est possible de recueillir et de quantifier l'information sur les nœuds actifs dans cette cellule afin de connaître le nombre de nœuds présents ou encore déterminer le nombre et le type de liens en effectuant une analyse de trafic.

Identification de routes

L'objectif de cette attaque est d'identifier les différentes routes disponibles pour un nœud donné (V). Ceci implique d'abord la surveillance des messages de route entrants et sortants de V et également une analyse de trafic afin de qualifier et de quantifier les liens. L'attaquant peut donc connaître les nœuds avec lesquels V a communiqué et les sessions et transactions que ce dernier a initiées ou auxquelles il a répondu.

2.2.2 Les attaques actives

Les attaques actives internes et externes

Les attaques internes provoquent typiquement des effets beaucoup plus désastreux sur le réseau puisque le nœud malicieux en fait partie intégrante et par conséquent il possède toutes les clés cryptographiques qui lui permettent de communiquer avec des pairs. De plus, puisqu'il s'agit d'un nœud autorisé, il est difficile de le détecter même lors de la transmission d'informations falsifiées. En effet, sous des conditions normales, les collisions de messages, les erreurs de canal ou encore un changement de topologie apportent des messages semblables. Les causes sont multiples : l'appareil mobile peut avoir été volé, ou encore exécute un virus permettant à l'agresseur de déjouer les mécanismes de défense des couches de plus bas niveau. Les attaques byzantines regroupent toutes les attaques sévères exigeant le contrôle d'un nœud du réseau. Même si plusieurs partagent certaines caractéristiques du nœud égoïste qui ne cherche qu'à tirer avantage de sa présence dans le réseau sans collaborer avec ses voisins, l'objectif des attaques byzantines est de perturber la communication avec les autres nœuds du réseau sans se soucier de la consommation de ses ressources.

Les attaques externes se distinguent par l'absence du nœud malicieux dans le réseau. Par conséquent, aucune des routes n'inclut l'attaquant comme nœud intermédiaire ou destination. De plus, les messages cryptés ne peuvent être lus sans posséder les clés publiques ou privées. Une attaque active externe consiste généralement en l'injection de messages falsifiés afin de perturber le fonctionnement normal en isolant certains nœuds ou encore en provoquant des congestions.

La Figure 2.3 regroupe certaines attaques selon la couche réseau affectée. Quelques exemples d'attaques actives sont détaillées.

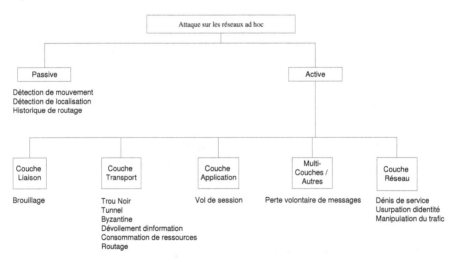

FIGURE 2.3 Classification des attaques selon la couche réseau affectée

L'attaque du trou noir (blackhole attack)

Il est possible pour un nœud malicieux d'altérer les réponses de requêtes de route afin de favoriser sa présence dans les routes établies. Un nœud, qui s'affiche continuellement comme possédant le chemin le plus court pour chacune des destinations, verra la majorité des messages redirigés vers lui.

Par exemple, dans le cas du protocole AODV, il suffit qu'un nœud malicieux transmette un RREP avec un nombre de sauts très bas (idéalement 1) suite à la réception d'un RREQ même s'il ne possède aucune route vers la destination. Si cette réponse de route falsifiée arrive avant celles légitimes, une partie du réseau en subira les conséquences puisque la source rejettera toutes les RREP subséquentes. Il est d'ailleurs très probable que la réponse du nœud malicieux arrive avant, puisqu'aucune vérification sur sa table de routage n'est effectuée. La déviation de trafic est également possible en modifiant le numéro de séquence de la destination. Puisque ce champ indique l'âge de la route, un nombre élevé sera favorisé par la source ayant demandé une découverte de route. Il est donc possible pour un nœud malicieux d'émettre un RREP vers la source avec un numéro de séquence très grand afin de favoriser une route qui l'inclut.

Les possibilités sont moindres lorsque DSR est le protocole adopté par le réseau. Le nœud malicieux est contraint à répondre le plus rapidement possible aux requêtes de route interceptées en prétendant posséder une route vers la destination.

Le tunnel (wormhole)

Cette attaque nécessite la coordination entre au moins deux nœuds malicieux éloignés. Le premier reçoit des messages d'un nœud légitime à un bout du réseau et les retransmet à son complice situé à une position différente. Ce dernier renvoie ensuite les messages dans le réseau. La communication entre ces nœuds, constituant le tunnel, est généralement externe au réseau et ne nécessite pas le contrôle d'un nœud faisant parti du réseau pour être réalisé. De plus, même les réseaux offrant l'authenticité et la confidentialité sur toutes ses liaisons sont affectés puisque les messages ne doivent pas être décryptés, mais simplement redirigés. Cette attaque peut sérieusement perturber les protocoles de routage et les systèmes de localisation des nœuds mobiles. Par exemple, en redirigeant des messages d'une extrémité à l'autre du réseau, il serait impossible à tous les nœuds distants de 2 ou plusieurs sauts de communiquer. Une fois combinée avec l'attaque du trou noir, l'ampleur des dégâts peut être énorme. Le principe de cette attaque peut être bien fondé si des mécanismes de protection empêchent des relais de messages non désirés. En effet, dans un large réseau ad hoc, il serait préférable de relier plusieurs sous-domaines et de relayer les messages après une analyse de l'en-tête IP et ainsi profiter d'un routage plus rapide.

La Figure 2.4 illustre cette attaque sur un réseau simple où les nœuds malicieux M1 et M2 collaborent pour créer un tunnel. Lors de la découverte de route de S vers D, M1 reçoit un RREQ de S. Ce dernier encapsule la requête et la transférer vers M2 en suivant le chemin $M1 \rightarrow A \rightarrow B \rightarrow C \rightarrow M2$. À la réception du message, M2 modifie l'en-tête en indiquant que le chemin parcouru est plutôt $S \rightarrow M1 \rightarrow M2 \rightarrow D$ et l'envoie à D. Dès la réception des réponses de route, la source S a donc la possibilité de rejoindre D par deux chemins : le premier est une route fausse passant par le tunnel et qui, selon le point de vue de S, est composé de 3 sauts, alors que le deuxième chemin est légitime et comprend 4 sauts. Selon les politiques du protocole de routage, la route la plus courte est généralement sélectionnée et par conséquent, le chemin falsifié sera choisi dans cet exemple.

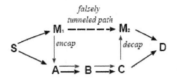

FIGURE 2.4 Attaque du tunnel

Attaques par inondation précipitée (Flood rushing attacks)

Cette attaque exploite la propriété de rejet des requêtes dupliquées existant dans la majorité des protocoles de routage des réseaux mobiles ad hoc. Ainsi, puisque les nœuds ne retransmettent à leurs voisins que la première requête par découverte de route, un nœud malicieux pourrait très bien falsifier une requête de chemin et ainsi obliger certains nœuds à rejeter les requêtes légitimes. Par conséquent, si le nœud malicieux génère ou transmet les requêtes de route falsifiées plus rapidement que ses voisins, le risque que la route employée pour se rendre à une destination contiendra l'attaquant plutôt que les autres nœuds légitimes est très élevé. Il est à noter que tous les protocoles de routage, dont le transfert des requêtes de route est prédictible, sont atteints par cette attaque.

Les protocoles sur demande imposent un délai pour l'envoi des requêtes de route à deux niveaux. Premièrement, au niveau de la couche liaison du modèle OSI, le medium access controller (MAC) impose un délai entre l'envoi du message à l'interface réseau et la transmission réelle du message par le lien. Par exemple, dans un MAC utilisant la division temporelle, un nœud doit attendre son laps de temps avant de transmettre. D'un autre côté, un protocole basé sur le carrier-sense à accès multiples exige une vérification du porteur afin d'éviter les collisions ; dans le cas du 802.11, un espace temps entre trames est imposé avant d'amorcer la transmission. Deuxièmement, le protocole de routage impose lui-même un délai aléatoire pour l'envoi des requêtes broadcast puisque la détection de collision à ce niveau est extrêmement difficile. Un nœud malicieux qui ne respecte pas ces délais et qui retransmet la même requête de multiples fois nuirait au bon déroulement du réseau. En effet, les nombreuses collisions provoquées causeront, d'une part, des congestions importantes, et d'autre part, augmenteront les chances de succès des attaques d'inondation précipitée.

Une autre méthode qui favorise l'arrivée d'un message falsifié en premier consite à inonder les nœuds voisins et ainsi remplir leur file de transmission au niveau de l'interface réseau dans le but ultime de ralentir la propagation de messages légitimes. D'ailleurs, les protocoles assurant l'authentification en utilisant une cryptographie de clé sont particulièrement vulnérables à cette attaque puisque les nœuds seront intensivement occupés à valider chacune des requêtes.

Épuisement de ressources

Dans un environnement où les nœuds sont mobiles, la consommation d'énergie est un facteur critique de survivabilité pour les réseaux ad hoc. Les appareils fonctionnant avec des piles ou tout autre énergie épuisable tentent de préserver leur puissance en n'émettant que le strict nécessaire. Un protocole de routage permettant les messages broadcast et exigeant une vérification cryptographique des messages de contrôle devient alors un réseau cible idéal pour cette attaque. Il serait donc possible pour un nœud malicieux d'émettre récursivement des messages fabriqués avec une fausse authentification (une signature par exemple) à tous ses voisins dans le but d'exploiter le CPU et de vider leur source d'énergie.

Mystification ou mascarade (spoofing)

La mystification consiste en un vol d'identité d'un nœud du réseau en falsifiant l'adresse MAC ou IP des messages sortants. Une multitude d'attaques, regroupées sous les attaques Sybil, sont issues de cette faille de sécurité. Un exemple est détaillé ci-dessous.

Création de boucles

L'exemple, illustré par la Figure 2.5, montre la facilité avec laquelle les boucles peuvent être créées. En supposant un réseau initial illustré par la Figure 2.5 a), le nœud malicieux M commence par découvrir la topologie courante du réseau en écoutant les RREQ et les RREP lors des découvertes de route. Ensuite, M s'identifie avec l'adresse MAC du nœud A auprès de B en lui envoyant un RREP avec un compte de saut minimal (idéalement zéro) pour atteindre la destination X tout en étant hors du rayon de détection du nœud A. Le nœud B met donc à jour sa table de routage pour la destination X afin de passer par le nœud A plutôt que C. La Figure 2.5 b) montre l'état du réseau suite à ce changement.

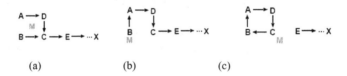

(a)   (b)   (c)

FIGURE 2.5 Exemple de création d'une boucle en exploitant l'usurpation d'identité.

De la même façon que précédemment, M vole l'identité de B tout en s'approchant de C et se tenant hors de portée de B. M envoie alors un RREP vers C pour atteindre X avec un compte de saut inférieur à celui de E. Le nœud C met alors à jour sa table avec la fausse route. Le réseau résultant empêche donc aux nœuds A B C et D de rejoindre le reste du réseau.

Débordement de la table de routage

L'objectif d'une attaque de débordement de la table de routage est de créer une multitude de fausses routes et ainsi d'empêcher l'ajout de toute nouvelle route dans la table de routage ou encore de tester les limites de l'implémentation du protocole de routage. Les protocoles proactifs sont très vulnérables à cette attaque puisque l'obligation de trouver les routes avant de les utiliser donne la possibilité à un nœud malicieux d'envoyer excessivement des annonces de fausses routes. Quant aux protocoles sur demande, puisque la découverte de routes s'effectue réactivement, il est nécessaire d'avoir au moins deux nœuds malicieux qui se suivent et qui travaillent en complément. De cette manière, le second nœud malicieux accepte systématiquement les fausses routes que lui a envoyées le premier attaquant et les retransmet. Une alternative est d'exploiter la mystification de l'adresse MAC ou IP et ainsi envoyer des RREQ et des RREP avec des adresses différentes.

Fausse Détection

L'instauration d'algorithmes de détection de conduites pouvant nuire au réseau constitue une mesure intéressante pour contrer certaines attaques. Cependant, vu la nature sans infrastructure d'un réseau ad hoc, les risques de fausses alertes sont plutôt grands. Par conséquent, les algorithmes de détection attendent les récidives du même nœud avant d'entreprendre des actions contre lui. Un nœud pourrait constamment changer d'identité afin de passer inaperçu, ou encore de faussement blâmer un autre nœud du réseau en copiant son identité.

Chantage ou Diffamation (Blackmail)

Cette attaque vise les mécanismes de détection des nœuds malicieux qui avertissent les nœuds légitimes de leur présence. Si aucune vérification n'est effectuée sur la validité des messages d'avertissement, il serait possible de fabriquer et falsifier ces messages afin d'isoler des nœuds légitimes. La propriété de non-répudiation des protocoles sécuritaires empêcherait en partie cette attaque puisque chaque message généré est identifié par sa source.

Attaques par rejeu (Replay)

Un nœud malicieux qui exécute cette attaque injecte dans le réseau des messages qu'il a précédemment captés.

2.3 Les objectifs d'une architecture sécuritaire

Le but ultime des solutions sécuritaires pour un réseau ad hoc est d'offrir des services de protection tels que l'authentification, la confidentialité, l'intégrité, l'anonymat, et la disponibilité aux nœuds mobiles.

2.3.1 L'authentification

Puisque chaque nœud d'un réseau ad hoc effectue des tâches délicates de routage, une bonne confiance doit régner entre les nœuds. Il est donc essentiel pour un nœud ayant reçu un message de contrôle de s'assurer que l'origine est une source fiable. Il est également impératif qu'un nœud malicieux externe ne puisse s'authentifier comme un des nœuds fiables appartenant au réseau.

2.3.2 La confidentialité

La confidentialité d'un message fait référence à l'impossibilité pour un nœud malicieux externe de lire et d'analyser le contenu en interceptant le message destiné à un nœud légitime du réseau. Le fait de dévoiler publiquement les messages de routage mène à une divulgation de la topologie et par conséquent aux points sensibles du réseau. Une attaque ciblée mènerait inévitablement à un déni de service partiel ou complet.

2.3.3 L'intégrité des données

L'intégrité des données implique qu'aucune altération n'est possible par les nœuds du chemin que le message a emprunté afin d'arriver à destination. D'ailleurs, la falsification des champs du nombre de sauts, du numéro de séquence ou encore de l'adresse MAC ou IP constitue la source de la majorité des attaques sur les réseaux ad hoc. Ce service inclut d'abord la prévention des opérations non-autorisées, généralement assurée par le service d'authentification, et ensuite la détection et la restauration du message original dans le cas d'une modification non-souhaitée.

2.3.4 L'anonymat

L'anonymat permet de masquer l'identité de la source ou des nœuds intermédiaires ayant transféré un message. La protection de l'anonymat est un problème fondamental dans les routages multi-sauts utilisés dans les réseaux ad hoc qui nécessitent des informations sur les nœuds voisins. En effet, la table de routage contient, par exemple, l'identité des nœuds voisins (AODV) ou pire encore, l'identité de tous les nœuds qui composent les routes retenue (DSR). L'analyse de trafic et les attaques basées sur le vol d'identité pourront alors survenir.

2.3.5 La disponibilité des ressources

La disponibilité est définie comme étant la capacité à fournir des ressources ou des services à un moment spécifique, ou continuellement pour un intervalle de temps donné. Par conséquent, une architecture sécuritaire devrait être en mesure de repousser les dénis de services ou encore d'en limiter l'impact. La nature même des réseaux ad hoc, caractérisés par des liens sans fil moins fiables que ceux câblées et par une topologie dynamique, les rend plus vulnérables aux attaques. Ce service est parmi les plus importants puisque les ressources non-disponibles perdent toute leur utilité. Cependant, il est également parmi les plus difficiles à assurer puisque les attaques sur la couche physique provoquent une congestion qui ne peut être prévenue au niveau de l'algorithme de routage.

2.4 Les défis d'une architecture sécuritaire

L'architecture poste à poste (peer-to-peer) constitue une vulnérabilité fondamentale des réseaux ad hoc. L'absence d'infrastructure centralisée implique la gestion de fonctions essentielles par les nœuds composant le réseau. Contrairement aux réseaux câblés composés de routeurs, l'échange de messages de routage est essentiel au bon fonctionnement du réseau. La sécurité doit donc être assurée au niveau de tous les nœuds plutôt qu'en un seul point stratégique. De plus, un réseau ad hoc est fréquemment soumis à des changements de topologie. Cet aspect dynamique doit être maîtrisé par le protocole afin de fournir les services de sécurité à tout moment.

Un protocole sécuritaire doit également composer avec le fait qu'un nœud interne peut être sous le contrôle d'attaquant soit en exploitant une faille, soit en étant sous l'emprise physique de l'appareil mobile. Par conséquent, des mécanismes de détection doivent être à point afin de déceler les nœuds malicieux très promptement tout en évitant les fausses alertes.

Les contraintes sur la rareté des ressources constituent un autre défi de taille lors de la conception d'un protocole sécuritaire. Un canal sans fil supporte une largeur de bande spécifique et très limitée qui est souvent partagée avec d'autres entités réseautiques. La capacité de calcul d'un nœud mobile est également très limitée. Par conséquent, l'utilisation de cryptages asymétriques exigerait d'une part un traitement considérable que certains nœuds ne pourraient supporter (i.e. PDA) et d'autre part, une consommation d'énergie considérable.

Selon [Yang *et al.* (2004)], un protocole sécuritaire doit répondre à quatre critères :

– le mécanisme de protection doit s'étaler sur plusieurs composants et se fier à leur puissance de protection collective afin de sécuriser le réseau ;

– l'architecture de sécurité doit couvrir différentes couches de la pile du protocole, chacune des couches contribuant à une ligne de défense ;

– puisque les attaques peuvent survenir de l'extérieur ou de l'intérieur, il est important de protéger le réseau même si l'attaquant possède de l'information sur le réseau (clés, table de routage) ;

– Une solution sécuritaire complète nécessite une intégration des approches proactives et réactives et doit ainsi contenir les trois composants principaux : prévention, détection et réaction.

2.5 Méthodes classiques de résolution et solutions complètes

Cette section traitera des solutions proposées afin de sécuriser les réseaux ad hoc en débutant avec des méthodes de résolution spécifiques à chacun des objectifs d'une architecture sécuritaire et en terminant avec une description des solutions complètes pour différents protocoles de routage.

2.5.1 Les protocoles de routage sécurisés point à point

Les solutions basées sur une cryptographie asymétrique et symétrique seront d'abord présentées, pour ensuite entamer les solutions hybrides. Il est cependant important de bien éclaircir le concept d'irréversibilité dans le contexte du cryptage et décryptage. Le caractère irréversible d'une fonction signifie non pas qu'il est impossible de retrouver l'entrée, mais bien que l'inverse exige un temps de calcul exorbitant et des ressources considérables à moins de posséder une information particulière (trappe).

Les solutions cryptographiques asymétriques

Les protocoles utilisant une cryptographie asymétrique se distinguent par l'utilisation d'une clé d'encryptage différente de celle de décryptage. L'idée est qu'à partir d'une seule information secrète que possède un nœud, ce dernier peut décrypter tous les messages qui lui sont destinés. Ainsi, la clé d'encryptage pour chacun des nœuds est offerte publiquement alors que la clé privée permettant le décryptage est maintenue secrète. Or, une telle procédure ne garantit pas l'authenticité du message, permettant à quiconque de générer des messages encryptés. Afin de satisfaire également le critère d'authentification, le message encrypté par la clé publique du destinataire est de nouveau encrypté par la clé privée de la source (le contraire est possible également). Par conséquent, le destinataire du message débute par décrypter le message avec la clé publique de la source, authentifiant ainsi le message, pour ensuite le décrypter à nouveau avec sa clé privée (ou le contraire). La primitive cryptographique utilisant les clés asymétriques est la signature digitale qui permet de crypter et de décrypter un message. Ce double sens exige des calculs beaucoup plus complexes que la plupart des appareils mobiles ne peuvent supporter étant donné leur contrainte de performance et leur réserve d'énergie limitée. La vérification d'une signature digitale peut être effectuée par tout nœud ayant reçu sa clé publique, ce qui permet à un message broadcast d'être décrypté sans partage de clé entre chaque paire de nœuds. Un total de n clés publiques est nécessaire pour n nœuds du réseau.

La distribution des clés publiques s'effectue par un Centre d'Autorité (CA) qui distribue des certificats permettant de lier une clé publique avec l'identifiant d'un nœud. Dans le contexte d'un réseau mobile ad hoc, il est très difficile de concevoir la mise en place d'un tel centre qui, d'une part, doit être en tout temps disponible, et d'autre part, doit être parfaitement sécuritaire autant du point de vue physique que logiciel. En effet, dans un environnement sans aucune infrastructure, l'implantation d'une telle infrastructure à clés publiques immunisée contre toutes attaques constitue un problème non trivial.

Afin de remédier à l'indisponibilité éventuelle du CA, des systèmes en ligne et hors ligne ont été conçus. Dans le premier cas, la révocation des certificats présents est accomplie en envoyant une liste de certificats révoqués (LCR) à tous les nœuds (broadcast). Dans les systèmes hors ligne, la révocation devient un problème complexe impliquant l'échange de recommandations entre les nœuds participants. Authenticated Routing for Ad hoc Networks (ARAN) est un exemple de protocole sécuritaire utilisant une cryptographie asymétrique.

Les solutions cryptographiques symétriques

Les mécanismes symétriquement cryptographiques utilisent des fonctions hash, telles que SHA-1 et MDx, afin de générer des chaînes hash irréversibles de plus petite taille que le message original. La vérification s'effectue uniquement sur cette portion d'information plutôt que sur le message en entier. Ce processus n'exige aucun calcul complexe et peut être même supporté par des capteurs. Deux primitives cryptographiques sont issues de cette technique : HMAC entre chaque paire et HMAC avec le support d'authentification broadcast (TESLA).

Clé secrète partagée entre les paires de nœuds (HMAC)

Soient deux nœuds partageant une clé privée symétrique, il est possible de générer et de vérifier un message authentificateur en utilisant une fonction hash irréversible cryptographique. Cependant, puisque le message ne peut être vérifié que par les nœuds possédant la clé secrète, le HMAC est inapproprié pour les messages broadcast : si n nœuds sont présents dans un réseau, un total de $n \times (n-1)/2$ clés devra alors être maintenues. La distribution de la clé secrète constitue un problème non trivial en soi qui mettrait en cause la totalité du système si celle-ci présente des failles sécuritaires au niveau de l'authentification ou de la confidentialité.

TESLA

Une variation de la méthode de la clé secrète partagée entre les paires de nœuds permet d'obtenir une chaîne de clés HMAC irréversibles pouvant être utilisées afin d'authentifier les messages broadcast sans surcharge de mémoire causée par la sauvegarde des multiples clés. Le principe se base sur l'application récursive d'une fonction irréversible, nommée H, résultant une chaîne de sortie qui permet d'authentifier le message en appliquant les clés dans l'ordre inverse de génération. Soit une clé aléatoire de départ K_N, les clés subséquentes s'obtiennent en utilisant récursivement la fonction H : $K_{N-1} = H[K_N], K_{N-2} = H[K_{N-1}]...K_i = H[K_{i+1}] = H^{N-i}[K_N]$. La validation d'un message s'effectue par l'équation $K_j = H^{i-j}[K_i]$ où $j < i$, et K_j représente une ancienne clé recherchée à partir d'une clé K_i donnée. Un nœud applique donc cette équation en utilisant la clé reçue (K_i) et compare la valeur calculée avec une ancienne clé authentifiée incluse dans la chaîne. TESLA tire avantage de l'asymétrie des clés par la synchronisation avec l'horloge. Chaque nœud qui émet un message dans le réseau prédétermine un horaire dans lequel il publie chacune des clés de sa chaîne irréversible dans l'ordre inverse de création : soit N le nombre de clés utilisées, $K_0, K_1, ..., K_N$. Un simple horaire pourrait, par exemple, céduler la publication de la clé K_i au temps $T_0 + i \times L$ où T_0 est le temps auquel la clé K_0 est annoncée et L est l'intervalle de temps de publication. L'idée est de s'approcher d'une infrastructure à clés publiques en évitant la complexité des calculs. Cependant, un système centralisé doit être implanté afin de divulguer l'horaire de distribution de clé du nœud demandé. De plus, le temps entre la réception d'un message à authentifier et l'émission publique de la clé nécessaire pour l'authentification peut être considérable, obligeant ainsi les nœuds à emmagasiner une quantité importante de messages. Ce procédé est employé, entre autres, par SEAD pour DSDV et ARIADNE pour DSR.

Les Solutions Hybrides

Cette catégorie regroupe les protocoles sécurisés de routage qui emploient des opérations cryptographiques symétriques et asymétriques. L'approche la plus commune est d'utiliser une signature digitale pour les champs immuables des messages de routage afin de préserver l'intégrité et l'authentification, et une chaîne hash pour protéger la métrique du nombre de sauts. Secure Ad hoc On Demand Distance Vector Routing (SAODV) est le protocole le plus utilisé parmi les solutions hybrides.

2.5.2 Les solutions basées sur la réputation

Les mécanismes basés sur la réputation [Rossi et Pierre (2009); Jaramillo et Srikant (2007)]établissent une classification des nœuds fondée sur la fiabilité de ceux-ci en échangeant des recommandations ou des avertissements entre les nœuds participants au réseau. L'objectif principal est d'encourager un comportement menant vers une plus grande collaboration en prenant des décisions cruciales sur le chemin le plus fiable à emprunter [Qiu et Marbach (2003); Eidenbenz *et al.* (2008)]. Dans l'absence d'incitatifs, un nœud du réseau n'a aucun intérêt à rendre service à ses voisins en retransmettant leurs messages et ainsi consommer ses précieuses ressources telles que son énergie et sa bande passante [Yoo et Agrawal (2006/12/)]. Un systède de détection d'intrusion basé sur la réputation offre un incitatif important à un nœud afin de bien se comporter et ainsi maintenir de bonnes relations avec ses voisins pour que ces derniers retransmettent ses messages à envoyer et ainsi prévénir d'être isolé du réseau. Le degré de confiance entre les nœuds est mesuré à travers un système de réputation dans lequel un nœud voit sa réputation augmenter après un bon comportement ou descendre autrement.

Ainsi, la menace d'être isolé du réseau, résultant de la réputation du nœud en deça du seuil minimal, pousse les nœuds à agir conformément aux protocoles en place [Costa-Requena *et al.* (2005)]. Un système de détection d'intrusion ne peut être complet sans détailler le gain ou la perte de réputation selon le comportement observé. Cette branche de recherche nécessite l'utilisation de la théorie des jeux afin de concevoir un modèle qui, à partir des informations disponibles, définit la variation minimale de la réputation à ajouter ou retirer à un nœud afin qu'il soit suffisamment incité à coopérer dans le réseau. Ces modèles supposent que tous les nœuds du réseau sont des joueurs qui agissent rationnellement en optimisant toujours leur fonction d'utilité. La fonction d'utilité est une expression mathématique qui intègre les préférences des joueurs et qui définira la stratégie (l'action) que le joueur exécutera. Le résultat d'un jeu est trouvé en effectuant une optimisation simultanée ou successive de la fonction d'utilité en considérant tous les joueurs à la fois. Ce point optimal est plus communément connu sous l'équilibre de Nash. Il existe plusieurs types de jeu dans la littérature, chacun ayant des propriétés distinctes qui permettent de sélectionner un jeu plutôt qu'un autre dans les circonstances définies du problème à modéliser. Plusieurs questions doivent être répondues afin d'identifier le jeu correctement. Le domaine des stratégies des joueurs est-il discret ou continu ? Le jeu ne s'effectue-t-il qu'une seule fois ou de plutôt manière itérée [Afergan (2006)] ? Les informations du réseau sont-elles complètement ou partiellement connues par tous les joueurs ? Il est indéniable qu'un système de détection d'intrusion pour les réseaux ad hoc doit inclure un modèle théorique, détaillant les récompenses et les punitions à appliquer dépendamment de la situation actuelle du réseau, ainsi que sa validation avec les outils qu'offre la théorie des jeux. Cependant, puisque cette modélisation accompagnée de sa preuve consiste en un domaine de recherche en soi, le reste du livre se concentre sur la conception de base d'un système de détection d'intrusion sans toutefois élaborer le modèle qui quantifie les incitatifs à apporter aux nœuds. Les lecteurs intéressés à approfondir le domaine de la théorie des jeux et ses applications sont invités à consulter ces différentes publications [Bohacek *et al.* (2007); Felegyhazi *et al.* (2006); Lu et Pooch (2004); Anderegg et Eidenbenz (2003); MacKenzie et DaSilva (2006); Anderegg et Eidenbenz (2003); Srivastava *et al.* (2005)].

Avant de détailler les différentes approches qui se basent sur la détection de problèmes comportementaux, il est important de définir les types d'accusé de réception disponibles. Pendant le transfert d'un message, tous les nœuds sont responsables de s'assurer que le message s'est rendu au nœud voisin. Il existe trois manières d'obtenir un accusé de réception :

– trame de confirmation spécifiée et gérée par le protocole de la couche liaison (i.e. 802.11) ;
– accusé passif (PACK) : confirmation indirecte en écoutant et en analysant les messages émis par les nœuds voisins (indépendamment du destinataire) ;
– accusé au niveau de la couche réseau (ACK) : un nœud exige explicitement une confirmation du prochain saut définie par le protocole de routage tel que DSR ou AODV.

Puisqu'aucun protocole de liaison n'a été standardisé pour les réseaux ad hoc, il est nécessaire de poser l'hypothèse qu'une telle gestion des confirmations au niveau de cette couche est absente. La facilité avec laquelle les nœuds à proximité d'une source émettrice de messages peuvent intercepter les communications radio favorise l'utilisation des accusés passifs (PACK). Les accusés passifs peuvent être utilisés pour la maintenance de route ou encore pour s'assurer de l'acheminement adéquat des messages pour tous les nœuds d'une route sauf évidemment la destination. Afin de s'assurer du bon fonctionnement de ce dernier nœud, il est possible de valider la réponse de la requête en exigeant un accusé au niveau de la couche réseau. Deux conditions sont nécessaires au bon fonctionnement des accusés de réception passifs :

- les interfaces réseau doivent être en mode promiscuous permettant de capter et d'analyser tous les messages indépendamment de la destination. La réception des messages n'est donc pas limitée aux messages qui leur sont destinés ;
- les liens réseau doivent être bidirectionnels.

Un certain temps est alloué au nœud suivant pour retransmettre le message. Une fois ce délai expiré, un certain nombre de retransmissions du message a lieu au nœud qui ne répond pas. Comme dernier recours, une requête d'accusé de réception ACK (au niveau de la couche réseau) est exigée.

Lorsqu'un nœud reçoit un message, il le considère comme un PACK si :

- l'adresse source et destination ainsi que l'identifiant du protocole des deux messages concordent ;
- les deux messages contiennent un en-tête de route source DSR (si le protocole DSR est utilisé) et la valeur du nombre de sauts restants pour atteindre la destination est moindre pour le plus récent message.

La Figure 2.6 illuste le fonctionnement d'une réponse passive.

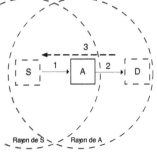

1. Le nœud S émet un message vers A.

2. Le nœud A retransmet le message de S vers la destination D.

3. Le nœud S intercepte le message retransmis par A et le compare au message qu'il a transmis à A.

FIGURE 2.6 Accusé passif

Watchdog et pathrater

Le watchdog et pathrater [Marti *et al.* (2000)] sont deux extensions au protocole DSR (peuvent être cependant adaptées à d'autres protocoles de routage de source également) dont l'objectif premier est de détecter et d'atténuer les effets de l'attaque du trou noir. Ce problème comportemental peut être causé soit par un nœud malicieux dont l'intention égoïste est de corrompre le réseau, soit par un nœud surchargé avec une file d'attente qui déborde.

Dans le cas où les en-têtes ne sont pas encryptés, l'intégralité du message peut également être validée. Cette possibilité très intéressante permet de prévenir l'altération de messages et ainsi empêcher une multitude d'attaques. En conservant une copie des messages récemment transmis, chacun des nœuds les compare avec le message à valider. Les entrées dans le tampon sont ensuite retirées lors d'une comparaison positive.

En plus des messages à valider, une cote indiquant la fiabilité des nœuds voisins est maintenue. Si le délai alloué à la validation d'un message expire, le watchdog incrémente la cote d'échec pour le nœud qu'il surveille. Lorsque cette dernière dépasse un certain seuil, un comportement anormal est détecté et le nœud source du chemin contenant celui malicieux est averti. Comme les auteurs le soulignent, le problème principal de cette approche est sa vulnérabilité aux attaques de chantage. De plus, il est important de mentionner que ce mécanisme est efficace seulement dans le cas d'une attaque non-organisée impliquant un ou plusieurs nœuds agissant de façon isolée.

Quant au pathrater, il évalue les résultats du watchdog et sélectionne le chemin le plus fiable afin de livrer le message à la destination. Plus précisément, une métrique est calculée pour chaque chemin en effectuant une moyenne des cotes de fiabilité des participants à la route. Cette métrique de chemin permet au pathrater de comparer la fiabilité des routes disponibles ou encore d'émuler l'algorithme du plus court chemin lorsque des données sont absentes. L'algorithme commence par assigner une cote de 1.0 au nœud courant et 0.5 aux nœuds connus par la découverte de route. La cote des nœuds participant aux chemins actifs augmente de 0.01 périodiquement à tous les intervalles de 200 ms pour atteindre un maximum de 0.8. À chaque détection d'interruption de lien durant le processus de transfert d'un message, une décrémentation de 0.05 est effectuée à la cote jusqu'à un minimum de 0.0. Finalement, une cote de -100 est assignée par le watchdog aux nœuds identifiés comme ayant un comportement malicieux. Un chemin avec une métrique négative signifie que cette route spécifique contient un nœud soupçonné malicieux. Afin d'éviter l'isolement des nœuds légitimes qui souffrent d'une surcharge ou d'une défaillance, les cotes négatives doivent tranquillement être incrémentées (cette fonctionnalité n'est cependant pas encore implantée).

CONFIDANT (Cooperation Of Nodes : Fairness In Dynamic Ad hoc NeTworks)

Les deux concepts décrits plus haut ont donné naissance à une version plus complète séparant de façon plus exhaustive le système. CONFIDANT [Buchegger et Boudec (2002)] incorpore donc un surveillant ainsi qu'un gestionnaire de chemins et de réputation.

Le surveillant remplit une fonction similaire au watchdog en s'assurant, à l'aide des confirmations passives, que ses voisins immédiats se comportent normalement en ne modifiant aucun message ou encore en ne forgeant aucun message malicieux. Le gestionnaire de réputation s'occupe de l'envoi et de la réception des messages alarmes générés lors de la détection d'une activité malicieuse. Ces messages sont généralement échangés entre des nœuds réputés amis desquels dépend le bon fonctionnement du système. Les alertes provenant des autres nœuds ont beaucoup moins de poids. L'évaluation d'une réputation est établie par une fonction qui attribue un poids fort aux confirmations passives du surveillant et un poids moindre aux alertes reçues des autres nœuds. Une table associant l'identité d'un nœud avec sa réputation est donc maintenue. Lorsque la réputation d'un nœud tombe en deçà d'un certain seuil de confiance, le gestionnaire de chemin retire tous les chemins qui contiennent le nœud malicieux, en plus d'ignorer tous les messages et les alertes transférées par celui-ci.

Il est important de noter que le protocole CONFIDANT tient compte uniquement des expériences négatives d'un nœud. Chaque entrée de la liste d'attaquants expire après un certain délai afin de leur permettre de réintégrer le réseau ad hoc.

Le Tableau 2.2 montre d'autres systèmes de réputation étudiés.

TABLEAU 2.2 Autres systèmes basés sur la réputation des nœuds

CORE	Mécanisme qui différencie la réputation subjective (observations), la réputation indirecte (alertes provenant des autres nœuds) et la réputation fonctionnelle (comportement pour effectuer une tâche spécifique). Un poids distinct est attribué à chacune de ces réputations et permet, après calcul, d'obtenir la réputation globale d'un nœud qui sera considéré pour prendre les décisions.
OCEAN	Système qui fonde l'attribution de la réputation uniquement sur les observations directes. Une liste est maintenue recensant tous les nœuds fautifs ayant dépassé le seuil de tolérance. Celle-ci est ajoutée à toutes les requêtes de route afin que les nœuds intermédiaires évitent de transférer le message à un nœud banni.

Deux publications plus récentes sont venues détailler certains aspects peu documentés tout en proposant un système plus fiable limitant les possibilités d'attaques des nœuds malicieux.

A Dynamic Trust Model for Mobile Ad Hoc Networks

L'article publié [Liu *et al.* (2004)] par Zhaoyu Liu, AnthonyW. Joy, Robert A. Thompson commence par élaborer un modèle de classification catégorisant les nœuds dans 6 groupes distincts comme le montre le Tableau 2.3.

TABLEAU 2.3 Classification des nœuds proposée par Liu *et al.* (2004)

Valeur	Signification	Description
0	Compromis	Nœud malicieux ou compromis
1	Indéfini	Nœud dont le niveau de confiance est inconnu
2	Minimum	Nœud dont le niveau de confiance est faible
3	Médium	Nœud dont le niveau de confiance est moyen, quelque peu fiable
4	Haut	Nœud dont le niveau de confiance est haut, considéré fiable
5	Très haut	Nœud dont le niveau de confiance est très haut, considéré très fiable

Les différents niveaux de confiance

Les auteurs proposent qu'initialement un nœud s'authentifie dans le réseau en utilisant, si possible, un mécanisme d'authentification pour ainsi lui attribuer un niveau de confiance conformément à son identité. Lorsqu'aucune information sur la fiabilité d'un nœud n'est disponible, le statut indéfini lui est attribué. Comme dans les systèmes basés sur la réputation étudiés précédemment, le niveau de confiance d'un nœud est dynamique et dépend de son comportement antérieur et actuel.

La propagation des niveaux de confiance

Différents mécanismes de distribution du niveau de confiance doivent être élaborés afin que les nœuds reçoivent des indications de menaces potentielles ou, au contraire, de comportements fiables.

Pour les nœuds à proximité, la question ne se pose pas puisque chacun des nœuds, munis d'un système de détection d'intrusion (IDS), vérifie leurs voisins et évalue le niveau de confiance individuellement. Par contre, pour ceux situés à une distance de 2 sauts ou plus, il peut être important que ces derniers soient avertis des menaces potentielles afin de les éviter lors de l'établissement d'une route.

Une première approche consiste à éviter tout échange de niveaux de confiance et à limiter l'évaluation strictement aux nœuds voisins. Par conséquent, à la réception d'un message, chaque nœud évalue le prochain saut le plus fiable. Si le seuil de fiabilité ne peut être atteint, le message est abandonné et un message d'erreur est retourné à la source. Bien que simpliste, cette méthode s'adapte bien au protocole dont le routage est évalué à chaque nœud (i.e. AODV). En généralisant ce principe, une alternative est d'utiliser une inondation limitée afin de propager les niveaux de confiance aux nœuds situés à l'intérieur d'une certaine distance (mesurée en sauts). Cette technique exige toujours une évaluation pour trouver le prochain saut le plus fiable. Une approche plus systématique qui élimine l'évaluation saut par saut consiste à extraire de l'en-tête des messages tous les nœuds parcourus en y incluant le prochain saut (formant une route partielle). Chaque nœud maintient alors une table qui contient l'identité de la source ainsi que la route partielle utilisée pour transmettre le dernier message traité. Lorsqu'un événement mérite d'être annoncé, le nœud consulte sa table et alerte directement les nœuds sources qui composent la route en question en s'assurant d'utiliser le chemin le plus fiable. De cette manière, la signalisation est réduite considérablement. Il est également suggéré d'attribuer une expiration à chacune des entrées de la table. Plutôt que d'effectuer une évaluation saut par saut, cette approche limite cette opération à la source qui, selon les informations contenues dans sa table, choisit le chemin le plus fiable. Dans le cas de nœuds malicieux qui se déplacent rapidement après avoir effectué une attaque de courte durée, cette technique est sans aucun doute la plus efficace des trois. Elle rend cependant le système plus vulnérable aux attaques de diffamation.

Évaluation des niveaux de confiance

Dépendamment du nombre de facteurs à considérer, le calcul des niveaux de confiance peut devenir très complexe. Une évaluation simple et logique afin d'agréger les niveaux de confiance consiste à calculer la moyenne des nœuds voisins. Comme le montre l'équation 1, le nœud i évalue le niveau de confiance d'un nœud j en effectuant la somme des $TL_k(j)$ (niveau de confiance de j d'après le nœud k) sur tous les nœuds voisins k de i et en divisant cette somme par n (le nombre de nœuds voisins).

Afin de tenir compte d'un niveau de confiance à respecter lors de la transmission de messages, l'équation 2 définit un nouveau facteur en introduisant le niveau de confiance des nœuds voisins à i par rapport au nœud i ($TL_i(k)$) et le niveau minimal de fiabilité requis afin de transmettre le message (TL_{req}). Ce facteur pénalise donc les nœuds voisins qui ne respectent pas la contrainte du seuil minimal de fiabilité.

Un autre aspect à considérer est le vieillissement des niveaux de confiance. Ainsi, en définissant le nombre de cycles restants au nœud k selon le nœud i ($CR_i(k)$) et le nombre maximal de cycles permis au nœud i ($CMAX_i$), la formule écrite au point 3 introduit le facteur $CR_i(k)/CMAX_i$ qui pénalise les nœuds n'ayant pas été évalués récemment.

Puisque la probabilité d'altérer les rapports d'évaluation augmente avec le nombre de sauts que ceux-ci doivent parcourir pour se rendre à destination, il est important d'introduire un facteur qui tienne compte de cette possibilité. Les équations 4 et 5 présentent la variable $H_i(k)$, représentant le nombre de sauts entre le nœud i et celui ayant initié la propagation du rapport d'évaluation (k), et $HMAX_i$, définissant le nombre maximal de sauts admis. Le facteur $(HMAX_i - H_i(k))/HMAX_i$ vient donc imposer une pénalité aux nœuds se situant loin du nœud i ayant reçu le rapport.

$$TL_i(j) = \frac{\sum_{k=0}^{n} TL_k(j)}{n} \tag{2.1}$$

$$TL_i(j) = \frac{\sum_{k=0}^{n}[TL_k(j) \div TL_{req} \times TL_k(j)]}{n} \tag{2.2}$$

$$TL_i(j) = \frac{\sum_{k=0}^{n}[TL_k(j) \div TL_{req} \times TL_k(j)] \times CR_i(k)}{n \times CMAX_i} \tag{2.3}$$

$$TL_i(j) = \frac{\sum_{k=0}^{n}[TL_k(j) \div TL_{req} \times TL_k(j) \times HMAX_i - H_i(k)]}{n \times HMAX_i} \tag{2.4}$$

$$TL_i(j) = \frac{\sum_{k=0}^{n}[TL_k(j) \div TL_{req} \times TL_k(j) \times CR_i(k) \times HMAX_i - H_i(k)]}{n \times CMAX_i \times HMAX_i} \tag{2.5}$$

Routeguard

Ce système a été proposé par Hasswa, Zulkernine et Hassanein dans le but de pallier certaines faiblesses du watchdog / pathrater original décrites ci-dessous.

- États binaires non flexibles : le pathrater classifie les nœuds comme étant neutres ou encore malicieux. Ce système n'est donc aucunement tolérant aux nœuds qui peuvent être temporairement congestionnés ou défectueux. Une fois réparé, ce nœud doit attendre un très long délai avant de pouvoir réintégrer le réseau.
- Abus de la marge admissible : un nœud malicieux pourrait bien se comporter jusqu'à atteindre la cote maximale de 0.8 pour ensuite rejeter tous les messages subséquents. Avant d'atteindre le seuil minimal de 0 (et ainsi être considéré comme malicieux), il retransmet alors les messages afin de regagner la cote maximale.
- L'anonymat d'un nouveau nœud : tous les nouveaux nœuds débutent avec une cote de 0.5 sans être plus attentivement surveillés. Ainsi, l'arrivée multiple de nœuds malicieux dans un délai très court peut entraîner des effets catastrophiques sur le réseau.
- Réentrance des nœuds malicieux : après un temps assez long, les nœuds malicieux sont réadmis dans le réseau.
- Favoriser la gloutonnerie et l'égoïsme : puisque le pathrater sélectionne le chemin le plus fiable, les nœuds malicieux ne seront pas surchargés avec le transfert de messages, mais pourront bénéficier de leur habilité à envoyer et recevoir les messages en tout temps.

Description du système de détection d'intrusion et du mécanisme de routage

De la même manière que les systèmes précédents, Routeguard implémente un IDS au niveau de chacun des nœuds du réseau leur permettant d'établir une table avec une cote pour tous les nœuds. Cependant, la classification des nœuds et le calcul de la fiabilité des chemins sont effectués d'une manière beaucoup plus raffinée.

Classification plus exhaustive des nœuds

Afin de bien illustrer le fonctionnement du Routeguard, les différentes classes seront étudiées. Le Tableau 2.4 affiche les différentes classes alors que la Figure 2.7 montre l'intéraction entre celles-ci. L'arrivée des nouveaux nœuds

TABLEAU 2.4 Classification des nœuds proposée par Routeguard

État du nœud	Description
Frais	Attribué aux nouveaux nœuds qui devront être traités avec vigilance
Membre	Nœuds relativement fiables et peuvent opérer normalement
Instable	Nœuds souffrant d'un mauvais fonctionnement ou comportement et peuvent opérer semi-normalement
suspect	Nœuds temporairement bannis et surveillés de près
Malicieux	Nœuds dont le comportement est intolérable et bannis de façon permanente

Lors de la détection d'un nouveau nœud par l'entremise d'une découverte de route, Routeguard lui assigne l'état FRAIS et lui accorde une cote de 0. Une surveillance accrue est alors portée sur ce nœud afin d'analyser son comportement. Dans le cas d'un comportement normal, on lui incrémente périodiquement sa cote de 1 alors qu'elle est décrémentée de 4 dans le cas contraire. Le nœud demeure dans l'état FRAIS pendant une période tf en secondes pendant laquelle il peut recevoir et retransmettre des messages sans toutefois générer et envoyer ses propres messages. Après tf secondes, si la cote du nœud est supérieure ou égale à 0, il rentre alors dans la classe des nœuds fiables MEMBRE et voit sa cote revenir à 0. Sinon, il migre alors dans l'état SUSPECT où il sera temporairement banni et surveillé très attentivement.

Les nœuds MEMBRES

La classe MEMBRE regroupe les nœuds opérant normalement qui reçoivent, transfèrent et en-voient des messages, tout en étant traités avec plus de confiance par le réseau et en n'étant surveillés par le watchdog que sur une base régulière sans attention particulière. Lorsqu'un nœud se comporte bien, sa cote est incrémentée de 1. Le niveau de confiance qu'un nœud membre ne peut dépasser est Tmemmax. Dans un environnement relativement sécure, cette constante peut prendre une valeur très élevée afin d'éviter que les nœuds qui avaient un comportement normal ne soient rapidement isolés du réseau. Conséquemment, un nœud malicieux pourrait exploiter cette marge de manœuvre. Lors-qu'un comportement anormal est détecté, la cote du nœud est décrémentée de 5. Durant le calcul de la métrique de fiabilité d'une route, tout nœud avec une cote inférieure à Tmemmin sera classé dans INSTABLE. L'assignation de la valeur pour cette constance dépend encore une fois de l'environne-ment dans lequel le réseau ad hoc est déployé.

L'état transitoire INSTABLE

De la même façon que les nouveaux nœuds s'intégrant au réseau, les nœuds INSTABLES peuvent recevoir et retransmettre les messages sans toutefois en générer pendant un temps T_u. En entrant dans

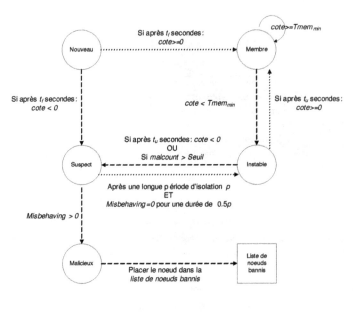

Si après t_f secondes :
$cote>=0$

$cote>=Tmem_{min}$

Si après t_f secondes :
$cote < 0$

$cote < Tmem_{min}$

Si après t_u secondes :
$cote>=0$

Si après t_u secondes : $cote < 0$
OU
Si *malcount > Seuil*

Après une longue période d'isolation p
ET
Misbehaving=0 pour une durée de $0.5p$

Misbehaving > 0

Placer le noeud dans la
liste de noeuds bannis

Nouveau

Membre

Suspect

Instable

Malicieux

Liste de
noeuds
bannis

Légende

················▶ Promotion

– – – – – –▶ Rétrogradation

—————▶ Même État

◯ État

☐ Liste

FIGURE 2.7 Machine à états pour le système Routeguard

cette classe, les nœuds voient leur réputation réinitialisée à 0. De plus, un comportement normal et malicieux entraînent respectivement un ajustement de +1 et -6 sur leur cote. Après un temps T_u, le nœud migre vers la classe SUSPECT si sa réputation est inférieure à 0, ou encore redevient MEMBRE dans le cas contraire. Afin d'éviter l'abus du cycle entre l'état MEMBRE et INSTABLE par un nœud malicieux, une variable malcount, initialement à 0, est incrémentée de 1 à chaque transition de MEMBRE à INSTABLE. Lorsque cette variable atteint un certain seuil, son état revient automatiquement à SUSPECT.

Les nœuds SUSPECTS

Le système de détection d'intrusion lève une alerte pour chaque nœud devenant un suspect. Ce dernier devient complètement isolé du réseau pour un temps long p en ne pouvant ni recevoir ni retransmettre les messages. Une fois le délai p expiré, le nœud réintègre le réseau en étant étroitement surveillé pour un temps relativement long ($0.5 \times p$). Si son comportement est acceptable, il retourne à l'état INSTABLE avec une réinitialisation de la variable malcount à 0. Sinon, il devient MALICIEUX et il sera banni de façon permanente du réseau. L'identifiant du nœud sera alors ajouté à la liste de nœuds bannis afin d'éviter qu'il ne réintègre le réseau.

2.6 Analyse des approches basées sur la réputation

Cette revue de littérature ne serait pas complète sans une analyse des différentes solutions présentées et sans relever les différents défis irrésolus. La présentation des protocoles de routage pour les réseaux ad hoc a fait ressortir la nécessité de les sécuriser. Diverses attaques peuvent être menées passivement dans le but de collecter de l'information sur le réseau, ou encore activement afin de perturber son fonctionnement. De plus, le risque élevé qu'un nœud soit physiquement compromis entraîne de sérieux risques au réseau interne rendant ardue la garantie d'authentification, de confidentialité, d'intégrité des données, d'anonymat et de disponibilité des ressources que devraient offrir les protocoles sécuritaires. L'analyse des différentes approches a montré que l'environnement hautement dynamique et l'absence d'infrastructure des réseaux ad hoc compliquent grandement la tâche de sécuriser les protocoles. D'ailleurs, l'utilisation des clés et des certificats numériques s'adapte difficilement dans un tel contexte puisque l'établissement d'un centre de distribution est souvent irréalisable. Les approches basées sur la réputation possèdent un plus grand potentiel adaptatif dû à leur mode de fonctionnement décentralisé qui se base sur les observations de comportement. Cependant, l'utilisation des signatures digitales devient obligatoire pour assurer l'authentification et la confidentialité des données. Pour cette raison, comme le montrent les solutions développées par Ghosh et Pissinou (2005), Razak *et al.* (2006) et Ghosh *et al.* (2004), les systèmes basés sur la réputation des nœuds constituent plutôt un ajout intéressant à une infrastructure cryptographique existante.

L'idée de ces approches se base sur un seuil de performance ou de fiabilité qui permet de distinguer les nœuds opérants normalement de ceux malicieux. Ainsi, si un nœud rejette une quantité trop importante de messages intentionnellement ou pas, ce dernier sera ignoré pendant pour un certain temps. Cette technique permet d'éliminer les nœuds malicieux qui laissent tomber intentionnellement des messages afin d'introduire des délais importants. En effet, puisque les protocoles de routage fondent leur acheminement de messages principalement sur la distance qui sépare le nœud courant de la destination, un nœud malicieux pourrait très bien exploiter les différents seuils de retransmission du protocole. Les solutions basées sur la réputation des nœuds permettraient d'une part de détecter et de réagir rapidement face à un nœud qui fonctionne anormalement, et d'autre part, de choisir les routes qui possèdent une grande fiabilité selon l'historique établi.

CHAPITRE 3

Approche de sécurité proposée

Le chapitre précédent a recensé deux types d'approches sécuritaires complémentaires qui peuvent être employées dans les réseaux mobiles ad hoc. D'une part, les solutions cryptographiques apportent une dimension préventive contrant la majorité des attaques initiées à l'externe du réseau. D'autre part, les approches basées sur la réputation des nœuds tentent de limiter les effets des attaques actives internes en recueillant de l'information sur le comportement des différents nœuds composant le réseau et en exploitant ceux les plus fiables. Étant essentiellement une sous-couche applicative du niveau réseau du modèle OSI venant se juxtaposer sur le protocole de routage, plusieurs critiques majeures peuvent être apportées aux solutions basées sur la réputation des nœuds. Par exemple, elles ne tiennent aucunement compte des attaques complices et permettent un abus du seuil de tolérance affectant ainsi de façon indétectable les réseaux ad hoc. Ce chapitre présente un nouveau modèle permettant de détecter et d'isoler les nœuds susceptibles de comploter une attaque tout en diminuant ses effets néfastes portés sur le réseau. Certaines légères modifications du protocole de routage DSR, sur lequel se base la solution proposée, seront d'abord détaillées. Des extensions sur la solution watchdog et pathrater seront ensuite proposées afin de réaliser les différents concepts proposés. Une classification plus exhaustive des nœuds sera alors détaillée en précisant les nouvelles classes ainsi que leurs relations à travers un diagramme d'états. Finalement, un raffinement sur le calcul de la fiabilité d'une route sera proposé en introduisant de nouveaux facteurs qui tiennent compte des risques d'attaques complices.

3.1 Modifications apportées au protocole de routage DSR

La définition de DSR (Johnson *et al.*, 2004, sect. 3.2.2) propose une technique afin de diminuer les délais de réponses de route. Ainsi, les nœuds connaissant une route vers la destination peuvent émettre une réponse de route sans même attendre que la requête atteigne le nœud destination. Cette optimisation pose cependant un inconvénient majeur lorsque plusieurs nœuds voisins, ayant reçu la requête de route, possèdent un chemin vers la destination. Afin d'éviter une vague de réponses de route simultanées pouvant provoquer une congestion locale temporaire, un délai aléatoire sera imposé. En supposant que le mode promiscuous soit activé, si, durant ce temps, un nœud s'aperçoit qu'une réponse de route plus courte vers la même destination a été émise, il abandonne alors la sienne.

Cette optimisation, malgré que bénéfique au niveau de l'utilisation de la bande passante, empêche de connaître les voisins immédiats et distants. Or, cet inconvénient impacte gravement la solution proposée qui exploite les informations sur la topologie connue du réseau.

De plus, certaines restrictions établies dans le protocole DSR qui limitent la propagation de ses requêtes seront modifiées. DSR définit qu'un nœud abandonne une requête de route s'il a récemment reçu une requête portant le même identifiant et provenant du même instigateur. Ainsi, un nœud ne retransmet que la première requête de route qu'il reçoit favorisant généralement le chemin le plus court et négligeant les détours. Puisqu'il est possible que certaines routes plus longues soient plus fiables, il est nécessaire d'abolir ce critère en limitant uniquement la retransmission des requêtes de route duplicates.

3.2 Extensions proposées

La solution sécuritaire proposée se base sur les concepts de watchdog et pathrater élaborés par [Marti *et al.* (2000)]. Certaines extensions seront cependant ajoutées afin d'adapter de nouveaux mécanismes sécurisant davantage le réseau.

3.2.1 Topologie du réseau

La solution proposée exploite le maximum d'information disponible afin d'effectuer les meilleurs choix lors des prises de décisions. Par exemple, il est essentiel que le protocole identifie la topologie locale de chaque nœud faisant parti de la route. Cette information est cruciale à l'évaluation de la fiabilité d'une route et doit être accédée rapidement. Afin d'y parvenir, une table de connectivité de taille N par N est conservée au niveau de chaque nœud contenant les informations sur les voisins immédiats des nœuds découverts. Ainsi, lorsque deux nœuds sont à proximité pour communiquer ensemble et qu'ils sont relevés lors de l'extraction des routes des messages reçus, le tableau est mis à jour afin d'indiquer ce lien unidirectionnel. Il est à noter que si toutes les communications sont bidirectionnelles, le tableau généré est symétrique.

L'exemple suivant montre la table de connectivité complète (tableau 3.1) pour le réseau illusté à la figure 3.1.

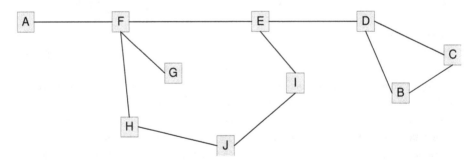

FIGURE 3.1 Exemple d'un réseau ad hoc

Il est à noter qu'une table aussi complète n'est obtenue que si les nœuds connaissent toutes les routes disponibles pour se rendre à toutes les destinations. Il est donc plus probable que les nœuds très exploités possèdent une topologie beaucoup plus complète que les nœuds en périphérie.

TABLEAU 3.1 Exemple d'une table de conectivité

	A	B	C	D	E	F	G	H	I	J
A	-					X				
B		-	X	X						
C		X	-	X						
D		X	X	-	X					
E				X	-	X			X	
F	X				X	-	X	X		
G						X	-			
H						X		-		X
I					X				-	X
J								X	X	-

3.3   Les Alertes

Un système de détection d'intrusion basé sur la réputation des nœuds doit nécessairement posséder un éventail bien détaillé des différentes alertes à signaler aux nœuds participant au réseau. Parmi les solutions proposées, CORE base l'évaluation d'une réputation d'abord par les observations observées directement, ensuite par les bonnes actions rapportées par les autres nœuds, et finalement, par les comportements fonctionnels détectés. Quant au système CONFIDANT, le calcul des niveaux de confiance dépend des informations primaires et secondaires recueillies. De plus, les alertes de nature péjorative rendent ce système vulnérable aux attaques de diffamation.

Le système proposé jumelle les alertes positives et négatives par l'entremise d'un échange local d'opinions entre les différents voisins immédiats afin d'arriver à un consensus sur l'état d'un nœud évalué. Ce choix donne une flexibilité dans le système de classification des nœuds permettant des transitions plus rapides entre les différents états tout en limitant les imprécisions causées par la subjectivité. De l'autre côté, le fait de tolérer des alertes péjoratives permet au système de s'adapter rapidement aux comportements malicieux ou encore anormaux.

Cette flexibilité au niveau de la classification et cette rapidité d'intervention rendent cependant le système vulnérable aux attaques de diffamation. Pour cette raison, le pouvoir de participation à l'échange des rumeurs est délégué uniquement aux nœuds considérés fiables par leurs voisins. Ces nœuds doivent prendre des décisions dans le meilleur intérêt du bon fonctionnement du réseau. De plus, la pertinence de chaque alerte reçue par un nœud sera évaluée, d'une part, par rapport au niveau de confiance du nœud ayant émis l'alerte, et d'autre part, par la marge de tolérance entre les différents points de vue. Par conséquent, si la différence entre l'observation distante (alerte) et directe dépasse la marge tolérable, l'alerte sera simplement rejetée.

3.3.1   Alerte de transition d'état

L'objectif de ces messages est d'informer les nœuds voisins immédiats d'un changement du niveau de confiance. Ce changement doit être assez important afin de basculer le nœud visé vers un autre état. Puisque la portée de cette alerte se limite aux nœuds voisins immédiats (saut maximal de 1), les nœuds voisins du nœud concerné par l'alerte qui ne sont pas à proximité de la source ne recevront pas la rumeur. Il serait possible de dédier une alerte de rumeur à tous les voisins du nœud concerné, mais le trafic local serait alors beaucoup plus important. En effet, l'émission de l'alerte en diffusion aux voisins immédiats ne nécessite qu'un seul message.

Les nœuds recevant cette alerte vérifient d'abord si les critères d'acception sont validés pour ensuite mettre à jour le niveau de confiance de ce nœud en considérant la réputation de la source de l'alerte. Le détail des calculs avec les facteurs considérés est fourni dans la section suivante. Si cette mise à jour entraîne une transition d'état et qu'il se situe à un maximum de 1 saut du nœud concerné, il envoie à son tour une alerte de rumeur indiquant la transition. Ce processus entraîne donc un consensus local qui limite les imprécisions issues des erreurs d'observation ou encore des attaques par des nœuds malicieux. Afin d'éviter les collisions locales, un délai aléatoire est imposé avant l'émission des alertes de transition d'état.

Chacun nœud emmagasine une table de rumeurs afin de connaître en tout temps son niveau de confiance par rapport à ses nœuds voisins. Son état est défini par la pire réputation qu'un de ses voisins légitimes lui a attribuée. À la réception d'une alerte de rumeur qui lui est concernée, le nœud met à jour sa table de rumeur et son état courant si nécessaire. Cette technique empêche une vague de fausses accusations qui aurait lieu dans le cas où le système de classification interdit certaines actions dépendamment de l'état du nœud. Puisque le consensus local permet à tout nœud de savoir l'état que lui a attribué ses voisins immédiats, cette problématique ne se pose plus.

Dans le cas où une alerte affiche une réputation très éloignée de celle établie avec les autres nœuds voisins, elle sera simplement rejetée. Cette procédure empêche un nœud malicieux de gratifier un autre nœud complice ou encore d'empêcher un nœud légitime de participer au réseau. Afin d'éviter des différences marginales entre les alertes échangées par des nœuds légitimes dues à la quantité très limitée de comportements observés, les nœuds de la classe NOUVEAU ne peuvent émettre d'alertes. Ils profitent cependant de leur séjour dans cette classe transitoire afin d'amasser et de traiter le plus d'alertes légitimes émises par ses voisins immédiats. Si aucune rumeur n'est disponible pour un nœud voisin à l'intérieur du délai accordé $T_{NOUVEAU}$, le nœud est classé selon les observations locales de premier ordre (directes).

3.4   Système de classification

Les systèmes de classification proposés dans les travaux antérieurs souffrent d'un manque de flexibilité, limitant les actions que peuvent entreprendre les nœuds. Ce problème donne l'opportunité à un nœud malicieux de jongler librement parmi les états afin de perturber peu à peu le réseau. Lorsque plusieurs nœuds malicieux sont présents, les congestions peuvent être fréquentes, empêchant ainsi les nœuds légitimes de répondre aux requêtes dans des délais convenables.

Tel qu'illustré dans le tableau 3.2, le système de détection proposée introduit de nouvelles classes permettant de classer plus précisément les nœuds. De plus, dépendamment de l'état d'un nœud, certaines actions peuvent lui être interdites.

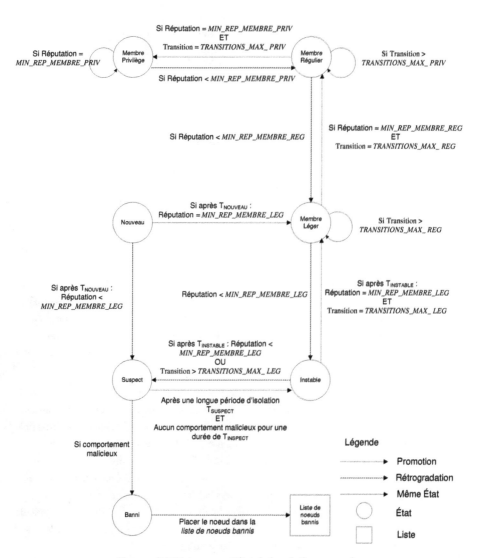

FIGURE 3.2 Diagramme d'état de la solution proposée

TABLEAU 3.2 Description des classes de nœuds de la solution proposée

État du nœud	Description des nœuds participants
Nouveau	Les nouveaux nœuds découverts par les requêtes de route dont aucun historique n'est disponible pour les évaluer
Membre Privilège	Nœuds les plus fiables dans le réseau qui peuvent opérer normalement et par lesquels les décisions cruciales peuvent être prises
Membre Régulier	Nœuds relativement fiables qui peuvent opérer normalement et alerte en cas de détection d'un comportement anormal
Membre Léger	Nœuds moins fiables ayant eu un historique quelque peu chargé en comportements anormaux, mais pouvant toutefois opérer normalement (sous une surveillance particulière) sans émettre d'alertes.
Suspect	Nœuds dangereux temporairement bannis et surveillés étroitement. Ils peuvent uniquement retransmettre les messages.
Instable	Nœuds se comportant anormalement volontairement ou encore dus à un mal fonctionnement. Ils peuvent uniquement retransmettre les messages.
Banni	Nœuds malicieux dont le comportement est intolérable. Ils sont bannis de façon permanente du réseau.

3.4.1 Classe Nouveau

Les nouveaux nœuds découverts à la suite d'une requête de découverte de route sont classés dans NOUVEAU. Le réseau se méfie de ces nœuds en les surveillant de près et en leur attribuant un pointage de REP_INITIALE_NOUVEAU. Lorsque le nœud se comportent normalement en retransmettant sans altération les messages qui lui sont destinés, son niveau de confiance augmente de INCREMENT_NOUVEAU par seconde. Dans l'éventualité d'un comportement anormal, la réputation du nœud chute de DECREMENT_NOUVEAU.

Cette classe est transitoire et réservée uniquement aux nœuds qui viennent dans un nouveau voisinage. Ces nœuds demeurent dans cet état aussi longtemps qu'une alerte de rumeur émise d'un nœud légitime permet de mettre à jour la réputation du nœud. Dans le cas où aucun nœud n'est disponible pour émettre son avis concernant ce nouveau nœud, une période de temps $T_{NOUVEAU}$ permet à un nœud voisin de classer le nouveau nœud selon les observations de premier ordre effectuées. À l'expiration de ce laps de temps, si son niveau de confiance respecte le seuil d'admission pour la classe MEMBRE RÉGULIER LÉGER, il transite alors vers cet état. Sinon, son pointage est réinitialisé à NOUVEAU_INSTABLE tout en faisant maintenant parti de la classe INSTABLE. La période de temps alloué $T_{NOUVEAU}$ doit être assez longue afin de permettre au nœud d'amasser assez de points pour atteindre le seuil requis pour transiger vers la classe MEMBRE RÉGULIER LÉGER.

De plus, il est important d'avoir collecté assez d'information pour d'abord classer le nœud de façon représentative et ensuite de lui permettre à son tour de classifier son voisinage par les alertes reçues. Cette classe permet d'apporter une surveillance accrue envers les nouveaux nœuds tout en limitant leur niveau de confiance une fois admis dans le réseau.

La calibration de cette classe doit tenir compte des variables présentées au tableau 3.3.

TABLEAU 3.3 Ajustements apportés pour la classe NOUVEAU

Ajustement	Description
REP_INITIALE_NOUVEAU	Réputation initiale attribuée aux nœuds arrivant dans un nouvel entourage
INCREMENT_NOUVEAU	Incrément de réputation par seconde accordé à aux nœuds NOUVEAU pour son comportement normal
DECREMENT_NOUVEAU	Décrément de réputation accordé aux nœuds NOUVEAU pour son comportement anormal
NOUVEAU_INSTABLE	Réputation accordée aux nœuds NOUVEAU qui transitent vers l'état INSTABLE
$T_{NOUVEAU}$	Délai maximal accordé aux nœuds NOUVEAU avant la transition d'état

3.4.2 Classe Membre-Privilège

Regroupant les nœuds les plus fiables du réseau, la classe MEMBRE PRIVILÈGE ne limite aucunement les actions qu'ils peuvent entreprendre. Les nœuds peuvent générer, recevoir et retransmettre des messages tout en émettant les alertes suite à une détection d'un comportement anormal. Afin de participer dans cette classe, les nœuds doivent afficher un historique presque parfait en obtenant une réputation d'au moins MIN_REP_MEMBRE_PRIV sans avoir fait parti des états inférieurs à MEMBRE LÉGER et sans avoir transité plus de TRANSITIONS_MAX_PRIV fois entre les classes MEMBRE RÉGULIER et MEMBRE PRIVILÈGE. Tant que les nœuds respectent ces contraintes, ils demeurent dans cet état. Puisque cette classe ne doit regrouper que les nœuds les plus fiables, l'incrément accordé pour un comportement exemplaire et le décrément pour un mal fonctionnement sont très sévères.

Dans le cas où le seuil de réputation minimal MIN_REP_MEMBRE_PRIV n'est plus respecté, les nœuds appartenant aux classes MEMBRE PRIV sont rétrogradés vers la classe inférieure suivante, soit MEMBRE RÉGULIER. À l'inverse, lorsqu'un nœud de la classe MEMBRE RÉGULIER atteint le seuil d'acception de la classe MEMBRE PRIVILÈGE, il bascule alors d'état tout en mettant à jour la variable qui comptabilise les transitions ascendantes entre ces deux états.

Ce mécanisme évite l'abus des seuils de tolérance que pourrait facilement exploiter un attaquant. Le tableau 3.4 montre les différents ajustements qui peuvent être apportés à la calibration de cette classe lors des simulations.

3.4.3 La classe Membre Régulier

Les nœuds faisant parti de la classe MEMBRE RÉGULIER possèdent des propriétés similaires à ceux de la classe MEMBRE PRIVILÈGE. Ils ne sont aucunement restreints dans leurs actions et peuvent participer activement aux consensus sur la réputation des nœuds voisins. Cependant, la réputation maximale que peuvent atteindre ces nœuds est limitée à MAX_REP_MEMBRE_REG, comparativement à la limite plus élevée de MAX_REP_MEMBRE_PRIV imposée aux nœuds de la classe MEMBRE PRIVILÈGE. Cette borne empêche les nœuds, ayant eu un antécédent affichant une

TABLEAU 3.4 Ajustements apportés pour la classe MEMBRE PRIVILÈGE

Ajustement	Description
MIN_REP_MEMBRE_PRIV	Seuil minimal d'acception pour atteindre la classe MEMBRE PRIVILÈGE
MAX_REP_MEMBRE_PRIV	Réputation maximale que peut atteindre un nœud distant
TRANSITIONS_MAX_PRIV	Nombre maximal de transitions ascendantes acceptées entre les états MEMBRE RÉGULIER et MEMBRE PRIVILÈGE
INCREMENT_ PRIV	Incrément de réputation par seconde accordé à aux nœuds MEMBRE PRIVILÈGE pour son comportement normal
DECREMENT_ PRIV	Décrément de réputation accordé aux nœuds MEMBRE PRIVILÈGE pour son comportement anormal

dégradation importante du niveau de confiance, d'atteindre la classe la plus fiable et d'être favorisés. De plus, le nombre total de transitions ascendantes entre les classes MEMBRE LÉGER et MEMBRE RÉGULIER ne doit pas dépasser TRANSITIONS_MAX_REG afin d'empêcher aux nœuds malicieux ou non fiables de leur donner le droit de participation à certaines actions prioritaires telles que les consensus locaux. Comme le montre le tableau 3.5, la calibration de cette classe s'effectue de façon similaire à celle de la classe MEMBRE PRIVILÈGE. Cependant, il faut noter que les ajustements apportés à la réputation des nœuds sont beaucoup moins sévères.

TABLEAU 3.5 Ajustements apportés pour la classe MEMBRE RÉGULIER

Ajustement	Description
MIN_REP_MEMBRE_REG	Seuil minimal d'acception pour atteindre la classe Membre RÉGULIER
TRANSITIONS_MAX_ REG	Nombre maximal de transitions ascendantes acceptées entre les états MEMBRE LÉGER et MEMBRE RÉGULIER
INCREMENT_ REG	Incrément de réputation par seconde accordé à aux nœuds MEMBRE RÉGULIER pour son comportement normal
DECREMENT_ REG	Décrément de réputation accordé aux nœuds MEMBRE RÉGULIER pour son comportement anormal

3.4.4   La classe Membre Léger

Contrairement aux nœuds de la classe MEMBRE RÉGULIER et MEMBRE PRIVILÈGE, les actions que peuvent entreprendre ceux de la classe MEMBRE LÉGER sont limitées. En effet, ils n'ont aucun pouvoir de révélation des comportements anormaux détectés puisque les alertes qu'ils émettent sont tout simplement ignorées. De plus, ils ne peuvent rediriger les messages reçus vers une route alternative. Les nœuds se trouvant dans cette classe peuvent y demeurer si leur réputation varie entre MIN_REP_MEMBRE_LEGER et MIN_REP_MEMBRE_REG. Il est également possible qu'un nœud ayant dépassé le nombre de transitions tolérées TRANSITIONS_MAX_REG entre MEMBRE RÉGULIER et MEMBRE LÉGER soit plafonné dans cette classe et voit sa réputation stagner à MIN_REP_MEMBRE_REG. De plus, dès que la réputation d'un nœud ne respecte plus le seuil minimal, il rétrograde dans l'état INSTABLE. Au contraire, si le nœud se comporte correctement et que le gain du niveau de confiance amassé auprès de ses voisins est appréciable et permet de respecter la limite minimale de réputation et le nombre de transitions pour la classe MEMBRE_REGULIER, le nœud migre alors vers celle-ci. Comme le montre le tableau 3.6, les ajustements apportés sur le niveau de confiance d'un nœud est semblable à ceux définis dans la classe NOUVEAU.

TABLEAU 3.6 Ajustements apportés pour la classe MEMBRE LÉGER

Ajustement	Description
MIN_REP_MEMBRE_LEG	Seuil minimal d'acception pour atteindre la classe Membre LÉGER
TRANSITIONS_MAX_ LEG	Nombre maximal de transitions ascendantes acceptées entre les états INSTABLE et MEMBRE LÉGER
INCREMENT_ LEG	Incrément de réputation par seconde accordé à aux nœuds MEMBRE LÉGER pour son comportement normal
DECREMENT_ LEG	Décrément de réputation accordé aux nœuds MEMBRE LÉGER pour son comportement anormal

3.4.5 La classe Instable

Lorsqu'un nœud se voit surchargé par la quantité extraordinaire de messages qui lui sont assignés soit comme destinataire ou comme nœud intermédiaire, il risque, pendant un certain temps de ne pas pouvoir traiter tous les paquets reçus. Afin d'éviter une chute abrupte de sa réputation due à des comportements anormaux involontaires, le nœud adopte temporairement la classe INSTABLE tout en voyant ses actions limitées à la simple réception et retransmission de messages. Après une durée maximale $T_{INSTABLE}$, le nœud transige soit vers l'état MEMBRE LÉGER si sa réputation est supérieure ou égale à MIN_REP_MEMBRE_LEG, ou sinon vers la classe SUSPECT. Il est à noter que lorsque le nœud a dépassé le nombre maximal de transitions ascendantes vers l'état MEMBRE LÉGER, il verra alors son niveau de confiance plafonner à MIN_REP_MEMBRE_LEG tout en transigeant vers la classe SUSPECT. Ce mécanisme empêche un nœud malicieux d'abuser les seuils de tolérance entre les classes. Le tableau 3.7 résume les ajustements apportés pour la classe INSTABLE.

TABLEAU 3.7 Ajustements apportés pour la classe INSTABLE

Ajustement	Description
INCREMENT_INSTABLE	Incrément de réputation par seconde accordé à aux nœuds INSTABLE pour son comportement normal
DECREMENT_INSTABLE	Décrément de réputation accordé aux nœuds INSTABLE pour son comportement anormal
$T_{INSTABLE}$	Délai de grâce maximal accordé aux nœuds INSTABLE pour reprendre un comportement normal

3.4.6 La classe SUSPECT

Les nœuds ayant un haut degré d'instabilité se retrouvent dans la classe SUSPECT. Ces derniers sont totalement isolés du réseau et ne peuvent donc pas recevoir, envoyer ou retransmettre les messages. Les nœuds voisins recevant des messages des nœuds appartenant à cette classe sont simplement ignorés. Cependant, puisqu'il est possible qu'un nœud ne puisse répondre temporairement aux requêtes pour diverses raisons, il est cependant préférable de ne pas les isoler de façon permanente du réseau. Ainsi, après un temps $T_{SUSPECT}$ suffisamment long, le nœud se voit le droit de retransmettre les messages. Il est alors étroitement surveillé pendant un certain temps $T_{INSPECT}$. Si le nœud réagit de façon impeccable, il peut alors basculer vers la classe INSTABLE. Le tableau 3.8 affiche les ajustements apportés pour la classe SUSPECT.

TABLEAU 3.8 Ajustements apportés pour la classe SUSPECT

Ajustement	Description
INCREMENT_SUSPECT	Incrément de réputation par seconde accordé à aux nœuds SUSPECT pour son comportement normal
DECREMENT_SUSPECT	Décrément de réputation accordé aux nœuds SUSPECT pour son comportement anormal
$T_{SUSPECT}$	Délai d'isolation imposé aux nœuds SUSPECT
$T_{INSPECT}$	Temps consacré aux nœuds SUSPECT pour retransmettre les messages et où ils sont étroitement surveillés

3.4.7 La classe BANNI

Dans le cas où un nœud continue de se comporter anormalement, il est alors banni de façon permanente du réseau. Il sera considéré comme un nœud malicieux et est ajouté à la liste de nœuds bannis afin de lui empêcher de réintégrer le réseau. Une réputation de -1 est accordée aux nœuds appartenant à cette classe.

3.5 Calcul de la fiabilité d'une route

Le calcul de la fiabilité d'une route est une étape cruciale effectuée par le sélectionneur de chemins avant l'émission ou la retransmission d'un message. Il est primordial de considérer un maximum de facteurs afin de modéliser le plus réellement possible les risques des différentes attaques pouvant affecter la fiabilité d'une route.

3.5.1 Risque d'attaques complices

Cette probabilité dépend du nombre de nœuds qui surveillent et qui peuvent intervenir dans le cas d'une attaque. Ainsi, pour tous les nœuds inclus dans la route, il suffit de dénombrer les nœuds ayant la capacité de d'intercepter le message de la source (ou du nœud intermédiaire) et de le comparer à celui émis par le nœud surveillé. L'exemple illustré à la figure 3.3 montre deux choix de chemins que le nœud source A peut sélectionner afin d'acheminer un message vers le nœud destination G.

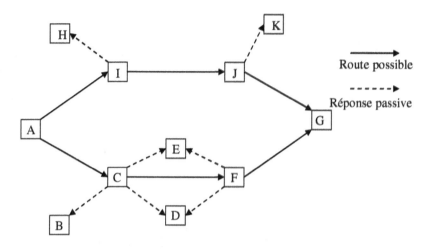

FIGURE 3.3 Exemple de sélection de la route la plus fiable

Dans le premier chemin (celui du haut), uniquement les nœuds H et K interviennent dans la surveillance de la qualité de la route. De plus, puisqu'ils ne reçoivent que la réponse passive d'un et un seul nœud intermédiaire, il est impossible de détecter une attaque complice entre I et J. Par contre, la deuxième route est couverte par les nœuds D et E qui vérifient et comparent les messages transmis par les nœuds intermédiaires C et F. Par conséquent, en supposant D et E comme légitimes et ne collaborant pas avec C et F, le deuxième chemin offre une protection accrue contre une attaque complice entre C et F.

Le nombre de nœuds surveillant une route est certainement un facteur important, cependant la réputation de ceux-ci est tout aussi essentielle. En effet, un nœud malicieux surveillant des nœuds intermédiaires d'une route, d'une part, biaise le résultat du calcul de la fiabilité d'une route en la favorisant au profit d'une autre qui serait plus légitime, et d'autre part, rendrait les attaques complices indétectables.

Dans un environnement aussi ouvert que les réseaux ad hoc, la possibilité de falsification non détectée des routes par un nœud malicieux demeure un enjeu important. Cette probabilité dépend directement du nombre de nœuds par lesquels le message (ici sous la forme d'une alerte) transite. Puisqu'il est plus simple de valider l'information issue d'un nœud à proximité, un facteur inversement proportionnel à la distance entre 2 nœuds est appliqué. Deux groupes de nœuds sont notamment considérés : d'une part, les hôtes voisins immédiats surveillant le nœud concerné qui permettent la détection d'une attaque complice, et d'autre part, les pairs de ces nœuds voisins qui donnent une évaluation de la réputation du nœud voisin. Le nombre de sauts entre le nœud courant et ces deux groupes d'hôtes doit donc être tenu compte dans le calcul de la fiabilité d'une route.

La formulation mathématique qui tient compte de ces deux nouveaux facteurs peut être représentée comme suit :

La notation

Ensembles

I l'ensemble des nœuds sources ;

J l'ensemble des nœuds intermédiaires faisant parti d'une route vers lesquels le message peut transiger afin d'arriver à la destination ;

K l'ensemble des nœuds voisins à J (où nk est le nombre maximum de nœuds voisins à J, k ϵ K) ;

Z l'ensemble des nœuds voisins à k (où nz est le nombre maximum de nœuds voisins à k, z ϵ Z).

Constantes

$TL_k MIN$ le niveau de confiance minimale à respecter par le nœud voisin k ϵ K ;

N_{min} le nombre minimal souhaité de nœuds voisins à j ϵ J qui sont liés à j+1 (le nœud suivant à j ϵ J).

Variables

$TL_i(j)$ le niveau de confiance du nœud j ϵ J du point de vue du nœud i ϵ I ;

$TL_z(k)$ le niveau de confiance du nœud k ϵ K du point de vue du nœud z ϵ Z ;

$w_{k(j+1)}$ variable 0-1 tel que wk(j-1) =1 si et seulement si les nœuds k ϵ K et j+1 (le nœud suivant à j ϵ J) sont liés ;

$n_{k(j+1)}$ variable de comptage calculant le nombre de nœuds voisins k ϵ K qui sont liés à j+1.

Le modèle

La fonction objective est définie formellement de la façon suivante :

$$n_{k(j+1)} = max \sum_{j \epsilon J} TL_i(j), i \epsilon I \tag{3.1}$$

De manière plus explicite, le but est de trouver les nœuds j les plus fiables pour composer un chemin vers une destination donnée. Cette recherche peut se faire de manière locale en se limitant aux nœuds voisins immédiats du nœud courant, ou encore globalement en considérant N nœuds. Il va sans dire que plus N est élevé, plus le traitement est long et le risque de diffamation augmente dû à la présence de nœuds intermédiaires devant retransmettre les alertes. Par conséquent, malgré que le résultat semble plus optimal lorsque le nombre de nœuds considéré est élevé, cela implique également un plus grand risque d'altération non autorisée des alertes, faussant ainsi le calcul de la fiabilité de la route.

Les nouveaux facteurs sont modélisés par les relations suivantes :

Risque d'attaques complices

$$n_{k(j+1)} = \sum_{k \epsilon K} \left\lfloor \frac{TL_i(k)}{TL_k MIN} \right\rfloor \tag{3.2}$$

Le nombre de nœuds voisins immédiats à j qui sont également liés au prochain nœud intermédiaire j+1 peut être calculé par la formule 3.2. Elle permet donc de dénombrer les nœuds k , respectant le seuil de confiance minimal $TL_k MIN$, pouvant surveiller à la fois j et j+1 afin de comparer le message initial émis par j avec celui transmis par le nœud évalué j+1. Ainsi, une route composée de plusieurs surveillants sera avantagé par rapport à un chemin ayant un nombre limité de ces nœuds.

$$TL_i(j) = \left\lfloor \frac{n_{k(j+1)}}{N_{min}} \right\rfloor \sum_{k \in K} \left(w_{k(j+1)} \sum_{z \in Z} \frac{\left\lfloor \frac{TL_z(k)}{TL_k MIN} \right\rfloor \times TL_z(k)}{n_z} \right) \quad (3.3)$$

L'équation 3.3 vise à agréger les niveaux de confiances des nœuds pouvant surveiller d'une part l'émission du nœud précédent à celui évalué (j+1) et d'autre part, le nœud à évaluer lui-même. Cependant, puisque le nœud courant i doit connaître l'avis de z par rapport à k, cette agrégation nécessite une propagation répandue des rumeurs, rendant ainsi le système vulnérable aux attaques de diffamation. Puisque la solution proposée limite la distance des alertes à un seul saut, une telle formule qui met en relation des niveaux de confiance de différents points de vue n'est pas adéquate.

Une alternative est d'utiliser directement le niveau de confiance du nœud source i sur les nœuds surveillants k. En effet, puisque k est également un voisin immédiat à i, la précision est maintenue à la fois par les observations de premier ordre et ceux de second ordre grâce au mécanisme du consensus local. La formule se réduit alors à :

$$TL_i(j) = \left\lfloor \frac{n_{k(j+1)}}{N_{min}} \right\rfloor \sum_{k \in K} \left(w_{k(j+1)} \frac{\left\lfloor \frac{TL_i(k)}{TL_k MIN} \right\rfloor \times TL_i(k)}{n_{k(j+1)}} \right) \quad (3.4)$$

L'intégration des autres facteurs

$$TL_i(j) = \frac{1}{n_k} \sum_{k \in K} \left[\begin{array}{c} \frac{(TL_i(k)+TL_{req}) \times TL_k(j) \times CR_i(k) \times (HMAX_i - H_i(k))}{CMAX_i \times HMAX_i} \\ + \left\lfloor \frac{n_{k(j+1)}}{N_{min}} \right\rfloor w_{k(j+1)} \sum_{z \in Z} \frac{\left\lfloor \frac{TL_z(k)}{TL_k MIN} \right\rfloor \times TL_z(k)}{n_z} \end{array} \right] \quad (3.5)$$

L'équation intermédiaire 3.5 regroupe les différents facteurs élaborés lors du chapitre II en intégrant également le risque d'attaque complice. Il est également possible d'ajouter des coefficients afin de contrôler l'influence de chacun de ces facteurs.

$$TL_i(j) = \alpha \frac{TL_i(j)}{H_i(j)} + \beta \left\lfloor \frac{n_{k(j+1)}}{N_{min}} \right\rfloor \sum_{k \in K} (w_{k(j+1)} \frac{\left\lfloor \frac{TL_i(k)}{TL_k MIN} \right\rfloor \times TL_i(k)}{n_{k(j+1)}} \quad (3.6)$$

Plusieurs simplifications ont pu être apportées. D'abord, en considérant la propagation limitée des alertes uniquement aux nœuds voisins immédiats, le nombre de sauts que traverse une alerte devient un facteur obsolète. Ensuite, puisqu'un consensus local est effectué suite à un changement d'état d'un nœud voisin, toutes les transitions d'état sont signalées et il n'est donc pas nécessaire de tenir compte du vieillissement d'une alerte reçue.

De plus, il est difficile pour un nœud d'avoir une précision adéquate sur le niveau de confiance d'un nœud situé à plus d'un saut. Le facteur 1/Hi(j) permet de pallier cette incertitude en minimisant l'influence de son niveau de confiance.

L'équation permettant de calculer la fiabilité d'une route se réduit donc en deux termes et peut être calibrée avec l'introduction des coefficients α et β. Il est à noter que ces coefficients sont limités dans l'intervalle]0,1] ; une valeur près de 0 étant utilisée afin d'annuler le facteur. Ces coefficients peuvent varier en fonction des objectifs de sécurité du réseau ou encore selon les informations disponibles sur le réseau.

3.6 Échange d'alertes

Les systèmes de détection d'intrus basés sur la réputation des nœuds se basent sur la quantité et la qualité de l'information recueillie afin de sélectionner les meilleures routes et ainsi isoler les nœuds malicieux. Les observations faites par un nœud sur ses voisins constituent une première source d'information sur laquelle les calculs peuvent se fier entièrement. En second lieu, les rumeurs provenant des voisins qui, par exemple, informent le statut d'un nœud, constituent des observations de second ordre permettant de réévaluer la réputation du nœud évalué selon l'avis de nœuds tiers et ainsi favoriser une détection plus rapide des nœuds malicieux distants. Puisque ces messages sont de nature subjective et font appel aux observations faites par chacun des nœuds, ils peuvent facilement être forgés ou encore altérés avec de fausses données afin de nuire à la réputation d'un groupe de nœuds. Le risque élevé de diffamation avec de fausses rumeurs péjoratives explique la raison pour laquelle la majorité des systèmes développés sont réticents à l'emploi des alertes dans un environnement aussi peu contrôlé. Cependant, avec la mise en place de nouveaux mécanismes qui tiennent comptent de différents facteurs, il est possible de minimiser cette possibilité d'attaque tout en favorisant une exploitation exhaustive des différents types d'alerte.

3.6.1 Les nœuds participant à l'évaluation du nœud

Lorsqu'une alerte émise affiche la réputation ou le statut d'un nœud, il est important de connaître également l'avis des nœuds voisins ayant évalué ce même nœud. D'ailleurs, la validité de ce type d'alerte dépend non seulement du nombre d'évaluations disponibles, mais également de la réputation des nœuds qui participent à cette évaluation.

De la même façon que le calcul du niveau de confiance d'une route dépend, entre autres, des niveaux de confiance des nœuds qui composent la route, une alerte sur le statut d'un nœud surveillé ne prend de l'importance que lorsque plusieurs nœuds partagent le même avis. Ainsi, à la réception d'une alerte, le nœud débute par mettre à jour la réputation du nœud évalué selon le niveau de confiance de la source de l'alerte. Si cette opération entraîne un changement d'état du nœud évalué, il émet à son tour une alerte de rumeur afin d'avertir ses voisins. De plus, il s'assure que ses voisins possèdent un lien direct avec le nœud visé par l'alerte en regardant sa table topologique et également un niveau de confiance acceptable selon ses propres observations de premier ordre. Dans le cas où une incohérence est levée, soit par une table topologique qui n'est pas à jour ou encore par un nœud malicieux émettant une alerte de rumeur alors qu'il n'est pas voisin avec le nœud évalué, le nœud effectue une découverte de route vers le nœud visé par l'alerte. Si un nœud malicieux prétend être faussement lié avec le nœud visé par l'alerte, une alerte de diffamation est levée par un nœud surveillant à proximité en plus de voir son niveau de confiance chuter drastiquement et ses messages ignorés.

3.6.2 La proximité des nœuds participant à l'évaluation du nœud

Plus un message traverse de nœuds pour se rendre à une destination, plus le risque d'altération ou de perte est élevé. Or, une alerte étant un message de grande importance pouvant affecter l'acheminement des messages dans le réseau, il est grandement préférable de limiter le dispersement des alertes à 1 seul saut. De plus, la charge de trafic sera limitée localement. Conjointement à ce choix, les décisions que peut prendre un nœud doivent s'effectuer principalement selon les informations disponibles sur ses voisins immédiats. Ainsi, chaque nœud intermédiaire faisant parti de la classe MEMBRE RÉGULIER ou MEMBRE PRIVILÈGE par rapport au nœud qui lui a envoyé le message à retransmettre s'assure de sélectionner le chemin le plus fiable disponible. Ainsi, le nœud doit effectuer un calcul de fiabilité sur les différents chemins disponibles afin de sélectionner la route la plus fiable vers la destination.

L'établissement d'une telle stratégie d'acheminement local évite la nécessité de recourir aux rumeurs de troisième et quatrième ordre qui informent du statut des nœuds distants. L'inconvénient est le recours plus fréquent à la redirection de route par les nœuds intermédiaires. En effet, le nœud source est contraint à utiliser ses observations de premier ordre afin d'évaluer les nœuds distants et, par conséquent, le choix de la route la plus fiable selon la source peut ne pas être optimal.

Les observations de plus grand ordre incluent essentiellement la comparaison du chemin établi pour la requête initiale par le nœud source avec celui utilisé pour la réponse reçue. Lorsque les mêmes nœuds intermédiaires ont été empruntés pour la requête que la réponse, la réputation des nœuds distants augmente. Le cas échéant, les nœuds qui ne se retrouvent pas dans la réponse voient leur réputation diminuer.

3.6.3 Durée de présence dans le réseau

La réputation d'un nœud qui affiche un long historique est certainement plus fiable que celle d'un nœud qui vient de s'introduire dans le réseau. Ce facteur est tenu compte dans le système de classification Routeguard et sera également ajouté à la solution proposée. En effet, la classe NOUVEAU permet de distinguer les nœuds fraîchement intégrés au réseau et non seulement de leur apporter une attention particulière, mais également de leur empêcher de générer les alertes.

3.6.4 La nature des alertes

Les rumeurs péjoratives qui annoncent la chute de la réputation d'un nœud voisin s'intègrent bien dans un réseau constitué principalement de nœuds légitimes et dont un comportement malicieux représente une exception. En effet, elles présentent le désavantage de facilement dénigrer certains nœuds par une attaque de diffamation. Une alternative serait de considérer également les alertes affichant la promotion d'un nœud par son bon comportement. Un système qui se base uniquement sur les rumeurs positives offre un effet implicite dissuasif à changer d'identifiant puisque leur réputation est bâtie par un amalgame de bons comportements adoptés au cours d'un laps de temps imposant.

L'adoption d'une stratégie mixte regroupant ces deux types d'alertes permet une détection d'incohérence à travers les différentes rumeurs partagées par les nœuds voisins. Ainsi, si une comparaison entre une rumeur reçue et la moyenne de toutes les réputations recueillies révèle une différence marquée, de sérieux doutes s'installent sur la source ayant émis cette réputation. Sa réputation est alors revue à la baisse et ses alertes ne sont plus tenus comptes par ses voisins. Les observations de premier ordre au niveau d'un nœud sont également utilisées afin de valider un niveau de confiance reçu. Puisque les statistiques de premier ordre ne dépendent que du trafic reçu et non du traitement fait par les autres nœuds, un poids plus important sera alloué à ce type d'information. Ce facteur est représenté par le niveau de confiance du nœud ayant répondu par rapport au nœud courant.

En effet, si la différence dépasse une certaine marge de tolérance, alors que la source de la rumeur possède un niveau de confiance acceptable tout en étant voisin au nœud évalué, l'alerte reçue sera simplement rejetée. Il serait également possible d'établir un mécanisme de détection de diffamation permettant d'avertir les voisins qu'une telle attaque s'est produite et ainsi réviser à la baisse la réputation de cette source malicieuse à travers un consensus local.

Il est à noter que la marge admissible dépend directement de la distance à laquelle se trouve le nœud visé par la rumeur. Plus le nœud est éloigné, plus l'information disponible pour établir la réputation du nœud est moindre, plus la marge d'erreur est grande. Puisque le système proposé limite les alertes à un seul saut, la marge tolérable peut être constante ou encore dépendre uniquement de l'état local du réseau. En effet, plus un réseau est congestionné, plus la probabilité d'erreur est grande. À l'inverse, un trafic moindre limite l'information disponible aux nœuds afin de classer de façon représentative les nœuds voisins. Ce travail se limite cependant à utiliser une marge de tolérance constante.

La modélisation des différents facteurs énoncés peut être décrite par la formulation mathématique suivante :

La notation

Ensembles

I l'ensemble des nœuds ayant reçu une alerte ;

J l'ensemble des nœuds voisins à X ;

X l'ensemble des nœuds visés par la rumeur.

Constantes

$TL_j MIN$ le niveau de confiance minimale à respecter par le nœud voisin $j \in J$.

Fonctions

ETAT(S) fonction variant de 0 à 1 et prenant en paramètre l'état du réseau S qui suit une loi de poisson.

Variables

$TL_i(j)$ le niveau de confiance moyen du nœud voisin $j \in J$ du point de vue du nœud $i \in I$;

$TL_i(x)$ le niveau de confiance moyen du nœud visé x ϵ X du point de vue du nœud i ϵ I ;

wij variable 0-1 tel que wij =1 si et seulement si les critères de sélection sont respectés ;

TLTOTAL$_{ij}$ variable conservant la somme des niveaux de confiance des nœuds j ϵ J respectant le seuil de réputation minimale ;

ME_i(j) marge d'erreur admissible entre le niveau de confiance reçu par le nœud i et celui calculé par ses observations directes.

Le modèle

Les nœuds voisins participant à l'évaluation du nœud

$$w_{ij} = \begin{cases} 1 & \text{Si} \quad TL_i(j) \geq TL_jMIN \\ 0 & \text{Sinon} \end{cases} \tag{3.7}$$

Lorsque le nœud i perçoit un changement d'état pour un de ses nœuds voisins, il envoie une alerte de réputation afin de faire connaître son avis auprès des autres nœuds qui évalue ce même nœud. La formule limite les destinataires de cette requête en ne considérant que les voisins de i ϵ I ayant une réputation de premier ordre (sur le nœud évalué) au-dessus d'un certain seuil TL$_j$MIN. De la même façon, un nœud recevant une alerte ne la considère que si la réputation de la source respecte cette contrainte.

$$TLTOTAL_{ij} = \sum_{j\epsilon J} w_{ij} \times TL_i(j) \tag{3.8}$$

La variable de TLTOTAL$_{ij}$ correspond à la somme des niveaux de confiance (du point de vue du nœud courant i) des nœuds voisins immédiats à i qui possèdent un lien direct avec le nœud visé x. Cette variable sert à pondérer les niveaux de confiance reçus selon la formule suivante :

$$TL_i(x) = \sum_{j\epsilon J} \frac{w_{ij} \times TL_i(j) \times TL_j(x)}{TLTOTAL_{ij}} \tag{3.9}$$

L'équation 3.9 agglomère les réponses reçues par les voisins afin de calculer la moyenne du niveau de confiance du nœud visé x selon la fiabilité du nœud voisin.

La nature des alertes

$$ME_i(j) = \frac{\alpha}{ETAT(S) \times H(j)} \times 100\% \tag{3.10}$$

Suite au premier tri éliminant les alertes reçues par les nœuds ayant un niveau de confiance inférieur au seuil, une deuxième sélection des nœuds voisins ne retient que les nœuds ayant une réputation comprise dans la marge de tolérance. Cette marge en pourcentage est exprimée mathématiquement par l'expression 3.10. Elle tient compte de l'état local du réseau près du nœud i et également du nombre de sauts séparant i de j. Puisque la solution proposée limite les alertes aux nœuds voisins, H(j) = 1. Afin de simplifier les calculs, il est possible de ne pas tenir compte de l'état du réseau et ainsi considérer la marge d'erreur constante. Cette alternative est justifiée dans un réseau dont le trafic local est bien partagé évitant ainsi les points de congestion pouvant altérer la marge d'erreur.

48

Équation globale

Établissement des critères de sélection :

$$w_{ij} = \begin{cases} 1 & \text{Si} \quad TL_i(j) \geq TL_j MIN \ ET \ \left| \frac{TL_j(x) - TL_i(x)}{TL_i(x)} \right| \leq MEi(j) \\ 0 & \text{Sinon} \end{cases} \qquad (3.11)$$

Calcul du niveau de confiance pondéré selon la réputation des nœuds participants :

$$TLTOTAL_{ij} = \sum_{j \in J} w_{ij} \times TL_i(j) \qquad (3.12)$$

$$TL_i(x) = \sum_{j \in J} \frac{w_{ij} \times TL_i(j) \times TL_j(x)}{TLTOTAL_{ij}} \qquad (3.13)$$

CHAPITRE 4

Implémentation et résultats

L'implémentation de la solution proposée ainsi que les résultats obtenus permettent de valider l'efficacité des concepts proposés tout en les comparant aux solutions existantes. Une analyse de performance détaillée sera donc portée non seulement sur la solution proposée, mais également sur le protocole de routage DSR et la solution watchdog-pathrater, dans le but d'apporter une analyse comparative. Ce chapitre traitera d'abord des détails sur l'environnement d'implémentation utilisé ainsi que des fonctions ajoutées formant la sous-couche applicative de niveau 3 qui vient juxtaposer la solution de base watchdog et pathrater. Ensuite, l'élaboration du plan d'expérience viendra détailler les divers scénarios sélectionnés avec les différents paramètres de calibration et les facteurs de simulation. Finalement, la sous-section portant sur l'expérimentation viendra conclure ce chapitre en évaluant d'abord l'effet des facteurs pris individuellement sur le système et en comparant les résultats de tests généraux.

4.1   Implémentation

4.1.1   Environnement de développement

Le développement de la solution proposée a été effectué sous l'environnement Microsoft Visual Studio .NET 2003 en utilisant le langage C. L'utilisation des diverses librairies de Qualnet contraint fortement le choix de l'environnement de développement qui s'offre aux développeurs. Par conséquent, les systèmes d'exploitation Microsoft Windows, préférablement Windows 2000 ou encore Windows XP, ainsi qu'un cadre de travail C/C++ (notamment Visual Studio ou encore Qualnet IDE) sont exigés. Afin d'observer concrètement le comportement du système, l'outil Qualnet IDE a été privilégié en donnant à l'utilisateur la possibilité de suivre en temps réel l'acheminement des messages.

4.1.2   Structures de données

Quelques structures de données ont dû être ajoutées à la solution de base watchdog et pathrater afin d'accomplir les tâches établies par la solution proposée.

Structure ReputationElement

Structure conservant les informations relatives à la source de l'alerte de transition reçue, à l'adresse du nœud évalué, à la réputation affichée par l'alerte et à son heure d'insertion dans la liste.

Structure ReputationListe

Toutes les alertes légitimes reçues sont conservées dans cette liste. Principalement, cette structure contient un pointeur vers le premier élément ReputationElement inséré et un entier indiquant le nombre d'alertes insérées. Puisque chaque élément contient un pointeur vers le prochain élément ajouté, il est possible de naviguer à travers cette liste à partir de la tête.

Structure ConnectivityList

Afin de conserver les informations topologiques du réseau, chaque nœud alloue une structure ConnectivityList de taille N par N (où N représente le nombre de nœuds dans le réseau). Ainsi, lorsque deux nœuds sont à proximité, la case appropriée deviendra marquée pour représenter le lien. Cette structure supporte aussi bien les liens unidirectionnels que ceux bidirectionnels.

4.1.3   Fonctions

L'emploi du langage C force l'adoption du paradigme procédural et, par conséquent, la création de fonctions sans séparation logique provenant de l'encapsulation qu'offre C++. Les plus importantes fonctions implémentées seront décrites ci-dessous.

Fonction SetNodeClass

SetNodeClass met à jour la classe d'un nœud selon son niveau de confiance. Les compteurs de transitions ascendantes sont également incrémentés lorsque le nœud transite de l'état MEMBRE RÉGULIER vers MEMBRE PRIVILÈGE, de MEMBRE LÉGER vers MEMBRE RÉGULIER ou encore de INSTABLE vers MEMBRE LÉGER.

Fonction isActionAllowed

La validation d'une action s'effectue à travers cette fonction. Elle dépend essentiellement du niveau de confiance qu'un nœud possède par rapport au voisin immédiat lui ayant transmis le message. Les actions possibles sont la génération de nouveaux messages et la retransmission ou encore la redirection des messages reçus à travers une nouvelle route. Les restrictions appliquées sur les actions impliquent également la présence d'attaquants qui déjouent les règles établies. Par conséquent, cette fonction permet également certaines actions aux nœuds malicieux alors qu'elles devraient leur être interdites.

Fonction SendRepMsg

Fonction qui s'occupe de forger et d'émettre une alerte lors de la détection d'une transition d'état d'un nœud voisin immédiat. L'émission s'effectue en diffusion non-relayée et, par conséquent, limitée aux nœuds voisins immédiats.

Fonction TransitionDetection

Les mises à jour portées sur le niveau de confiance d'un nœud causant la migration vers un nouvel état sont détectées par cette fonction. Elle s'occupe également de faire appel à la fonction SendRepMsg afin d'avertir ses voisins de cette transition d'état.

Fonctions AddEntryConnTable et RemoveEntryConnTable

Fonctions permettant de mettre à jour la table de connectivité regroupant les informations sur la topologie du réseau. Elles sont donc appelées lors de la réception des réponses aux requêtes de route et lors des retraits des routes devenues inutilisables.

Fonction ConnectivityNumber

Retourne le nombre de surveillants, respectant les critères de sélection, disponibles entre deux nœuds adjacents. Cette fonction est cruciale lors de l'évaluation de la fiabilité d'une route.

Fonctions InsertRepInList et RemoveRepInList

Fonctions permettant l'ajout et le retrait des alertes de transitions reçues de ses voisins immédiats. Il est à noter que deux listes distinctes de réputation sont créées. La première conserve les transitions qui concernent les nœuds voisins alors que la deuxième emmagasine les réputations qui les évaluent directement.

Fonction FindRepInList

La recherche d'une alerte de transition d'état s'effectue à travers cette fonction. Le critère de recherche est essentiellement l'adresse du nœud évalué. Optionnellement, l'adresse du nœud source ayant émis l'alerte peut également être spécifiée. Ce dernier paramètre est très utile pour la fonction isActionAllowed qui désire obtenir l'avis d'un nœud par rapport à son voisin afin d'établir son champ d'action.

Fonction UpdateReputationRumorEvent

Cette fonction récupère toutes les alertes de transition d'état des nœuds voisins immédiats et met à jour la réputation des nœuds concernés selon l'équation 3.13. Elle est appelée régulièrement en laissant un délai SOL_REPUTATION_TIMEOUT entre chaque exécution afin de permettre aux nœuds voisins d'émettre leurs alertes.

Fonction HandleRepMsg

Traitant les alertes de réputation reçues, cette fonction s'assure d'abord que le nœud source respecte le seuil de niveau de confiance minimal. De plus, elle vérifie que la différence entre la réputation affichée par l'alerte et celle qu'il possède pour le même nœud concerné est comprise dans la marge de tolérance. L'alerte est alors conservée dans la bonne liste de réputation dépendamment si l'évaluation concerne lui-même ou encore un de ses nœuds voisins immédiats. Finalement, la fonction s'occupe d'appeler UpdateReputationRumorEvent après un délai de SOL_REPUTATION_TIMEOUT, temps accordé aux nœuds voisins immédiats pour envoyer leur alerte de transition d'état pour le nœud concerné.

Fonction ReroutePacket

ReroutePacket s'occupe de remplacer la route d'un message avec le chemin le plus fiable disponible selon les informations topologiques que possède le nœud qui doit retransmettre le message. Cette possibilité est réservée uniquement aux nœuds fiables faisant parti de la classe MEMBRE PRIVILÈGE ou MEMBRE RÉGULIER.

4.1.4 Modifications apportées

La solution proposée exige quelques changements mineurs dans certaines fonctions existantes de la solution watchdog-pathrater.

Fonction UpdateReputation

Cette fonction s'occupe de mettre à jour la réputation d'un nœud dépendamment si le comportement observé est bénéfique ou maléfique pour le réseau. Deux légères modifications ont été apportées. D'abord, puisque l'incrément et le décrément sont variables plutôt que constants, il est important d'ajuster ces valeurs selon la classe dans laquelle se trouve le nœud concerné. Ensuite, lorsque la mise à jour du niveau de confiance dépasse ou encore régresse en deçà des seuils définis par sa classe courante, la transition vers la nouvelle classe doit être effectuée. De plus, le nœud doit en avertir ses voisins. Ces tâches sont accomplies en appelant la fonction TransitionDetection.

Fonction UpdateReputationPendingListe

Une fonctionnalité cruciale des approches par réputation est de conserver les messages transmis dans le but de s'assurer que le nœud suivant le retransmet sans modification. Cette fonction, appelée périodiquement, parcourt la liste des messages emmagasinés et retire ceux expirés tout révisant à la baisse la réputation du nœud d'ayant pas agi correctement. De plus, une alerte est émise vers la source afin de lui indiquer le mal fonctionnement pour ainsi de retransmettre de nouveau le message. La solution proposée permet au nœud détectant une attaque, de retransmettre directement le message via une route alternative sans en avertir la source. L'appel à la fonction ReroutePacket permet de rediriger le message.

Fonction SearchMostReliableRoute

Principale fonctionnalité du composant pathrater, SearchMostReliableRoute évalue la qualité d'une route et sélectionne la plus fiable. Puisqu'un nouveau critère d'évaluation a été proposé, il est important de tenir compte du nombre de surveillants disponibles entre chaque paire de nœuds adjacents. L'appel à la fonction ConnectivityNumber s'occupe de cette tâche.

Fonctions ExtractUsableRoutesFromSrcRoute et HandleRouteError

Afin de mettre à jour la table de connectivité représentant la topologie locale du nœud, l'appel à AddEntryConnTable, dont l'objectif est d'ajouter de nouveaux liens, s'effectue dans la fonction ExtractUsableRoutesFromSrcRoute. De plus, lors de la réception d'une erreur de route, il est important de retirer les liens défectueux en appelant RemoveEntryConnTable.

Fonction HandleProtocolPacketWithIPHeader

De la même façon qu'un surveillant légitime peut retransmettre via une route alternative un message qui n'a pas été retransmis par son voisin immédiat, il est également possible de modifier la route d'un message si un chemin alternatif plus fiable est disponible. Ainsi, si le nœud fait au moins parti de la classe MEMBRE RÉGULIER par rapport au nœud voisin qui lui a transmis le message, il peut remplacer la route préétablie par une plus fiable.

4.2 Plan d'expérimentation

Afin d'obtenir des résultats représentatifs maximisant la précision des simulations, la conception des expériences demeure une des étapes essentielles de la phase de planification d'une étude empirique. Cette sous-section débutera par identifier les facteurs primaires de simulation les plus importants qui influencent grandement les indices de performance retenus. Les niveaux de ces facteurs seront ensuite explicités pour ainsi concevoir les sessions.

4.2.1 L'identification des facteurs de simulation et indices de performance

L'identification des paramètres d'installation qui font varier appréciablement les indices de performance est une tâche très difficile à accomplir. Une étude d'évaluation est parfois nécessaire afin de quantifier l'influence des facteurs. Puisque l'objectif est d'évaluer la sécurité du protocole, qui en soi, est une caractéristique difficile à quantifier, le travail se limite aux facteurs influençant uniquement le débit reçu par les nœuds destinataires au niveau de la couche application du modèle OSI.

Le nombre de nœuds

Plus la densité de nœuds est grande, plus l'interférence inter-nœud devient élevée favorisant ainsi les collisions. Contrairement aux réseaux câblés équipés de commutateur isolant les domaines de collision, les environnements sans fil n'offrent pas ce luxe en obligeant les nœuds à émettre à travers la même bande partagée par tous. Les standards 802.11x témoignent d'ailleurs de cette problématique en innovant dans les techniques de détection de collisions. De l'autre côté, une densité trop faible peut empêcher d'avoir une route disponible pour transmettre le message à la destination, ou encore de tirer profit de certains avantages de la solution proposée. En effet, plus le nombre de nœuds participant au réseau est grand, plus le nombre de surveillants disponibles entre chaque paire de nœuds adjacents est élevé, permettant ainsi une retransmission du message perdu lors d'une attaque complice. Le nombre de nœuds constitue donc un facteur primaire important pouvant influencer grandement les indices de performance.

Le pourcentage de nœuds malicieux

Deux types de nœuds malicieux ont été considérés. D'abord, les nœuds qui délibérément laissent tomber les messages devant être retransmis afin d'empêcher qu'ils se rendent à destination. Cette attaque est facilement détectable par les solutions existantes qui se basent sur la réputation des nœuds et devrait être évitée après quelques comportements malicieux observés. Viennent ensuite les nœuds malicieux complices qui ne révèlent aucun comportement malicieux de ses voisins et qui n'avertissent pas la source afin qu'il puisse mettre à jour la réputation des nœuds distants et retransmettre le message via une route alternative. Lorsque des attaques complices se produisent dans un réseau, le débit s'en trouve gravement affecté. Il est à noter qu'une attaque complice survient uniquement lorsqu'un nœud complice précède un nœud malicieux laissant tomber tous les messages qui lui sont transmis.

La mobilité des nœuds

Les réseaux ad hoc sont caractérisés par une topologie dynamique due à une grande mobilité des nœuds. Tous les protocoles de routage adaptés pour les réseaux ad hoc prévoient un mécanisme de réparation de route dans le cas où un nœud ne répond plus. Plus les nœuds bougent rapidement, plus la topologie est changeante, plus le temps passé à la réparation de route devient important et, par conséquent, moins les données se rendent à la destination. Les solutions basées sur la réputation des nœuds gèrent différemment l'arrivée des nœuds dans de nouveaux voisinages. La différence dans les systèmes de classification proposés en témoigne. Il s'agit donc d'un paramètre important permettant d'identifier certaines forces et faiblesses des protocoles étudiés. Plusieurs types de mobilité peuvent être considérés : mobilité de groupe, mobilité aléatoire ou encore une mobilité prédéfinie. Durant les simulations, uniquement la mobilité aléatoire a été adoptée afin d'évaluer l'état du réseau dans des circonstances générales.

Les facteurs négligés

Puisque le coût d'une expérience augmente avec le nombre de facteurs à considérer, il est important de sélectionner judicieusement les facteurs primaires qui influence le plus les indices de performance choisis. Cette sous-section traitera de quelques facteurs qui n'ont pas été retenus lors de l'élaboration des expériences.

Le terrain

Étroitement liées à la densité de nœuds, les caractéristiques du terrain ont été considérées comme des facteurs secondaires. Les dimensions ont donc été maintenues constant à 2000 mètres par 2000 mètres tandis que les reliefs ont été éliminés afin d'avoir un terrain plat. Puisque la propagation des ondes est identique indépendamment du protocole de routage sélectionné, les modifications apportées au terrain auraient affecté de façon similaire toutes les solutions.

Le positionnement des nœuds

Un positionnement stratégique des nœuds dans le but de favoriser le nombre de routes alternatives disponibles aux nœuds surveillants contribuerait grandement à de meilleurs indices de performance pour la solution proposée. Cependant, puisqu'il s'agit d'un scénario idéal qui risque rarement de se produire dans un cas plus réaliste, le positionnement uniforme des nœuds a été préconisé pour toutes les exécutions lancées.

Les paramètres spécifiques à la solution proposée

Dépendamment des informations disponibles sur le réseau, il est possible d'optimiser certains paramètres de la solution proposée afin de favoriser un plus grand débit. Par exemple, dans un réseau avec un faible pourcentage d'attaquants, les seuils d'admissibilité aux classes de grande réputation peuvent être diminués pour ainsi éviter les restrictions sur les actions imposées aux nouveaux nœuds. De plus, les récompenses accordées aux bons comportements peuvent être plus généreuses et les pénalités peuvent être moins sévères. Puisque la calibration exige d'effectuer certaines prédictions sur les caractéristiques du réseau, les paramètres spécifiques à la solution proposée resteront constants pour toutes les exécutions.

4.2.2 Niveaux des facteurs

Le choix des niveaux de facteurs constitue une étape très délicate. D'un côté, ils doivent couvrir adéquatement l'étendue de variation de ce facteur, et de l'autre, le nombre total de niveaux doit être minimisé pour des raisons économiques. Le compromis est illustré dans le tableau 4.1.

4.2.3 Les scénarios sélectionnés

Les niveaux de chaque facteur étant spécifiés, la conception des sessions doit maintenant être abordée. Puisqu'une conception factorielle implique un nombre prohibitif de sessions, les différentes combinaisons des niveaux de facteurs retenues s'approchent davantage à une conception "1 facteur à la fois" tout en intégrant une expérience additionnelle. Les scénarios sont présentés dans le tableau 4.2 qui suit.

4.3 Expérimentation et interprétation des résultats

Le dernier volet du chapitre traite d'abord des résultats obtenus suite aux exécutions des sessions élaborées. Par la suite, une analyse approfondie permettra de faire le pont entre les concepts théoriques établis au chapitre III et les résultats pratiques trouvés. Avant tout, afin d'assurer la reproductivité identique des expériences, l'environnement de tests ainsi que les informations additionnelles associées aux exécutions seront abordés.

TABLEAU 4.1 Niveaux des facteurs primaires

Facteurs		Niveaux	
Nom	Symbole	Nom	Description
Nombre de nœuds	N	Élevé	60 nœuds
		Moyen	35 nœuds
		Faible	15 nœuds
Pourcentage de nœuds malicieux	A	Grand	35% malicieux
		Moyen	20% malicieux
		Aucun	0% malicieux
Pourcentage de nœuds complices	C	Grand	70% complices
		Moyen	35% complices
		Aucun	0% complices
Mobilité	M	Élevée	vitesse minimale : 2mps vitesse maximale : 20mps
		Moyenne	vitesse minimale : 0mps vitesse maximale : 10mps
		Aucune	immobile

TABLEAU 4.2 Sessions sélectionnées pour les simulations

Expérience "1 à la fois"				
Session	N	A	C	M
Nombre de nœuds				
1	Élevé	Moyen	Moyen	Aucune
2	Moyen	Moyen	Moyen	Aucune
3	Faible	Moyen	Moyen	Aucune
Pourcentage de nœuds malicieux				
4	Élevé	Grand	Aucun	Aucune
5	Élevé	Moyen	Aucun	Aucune
6	Élevé	Aucun	Aucun	Aucune
Pourcentage de nœuds complices				
7	Élevé	Moyen	Grand	Aucune
Mobilité				
8	Élevé	Moyen	Moyen	Élevée
9	Élevé	Moyen	Moyen	Moyenne
Expérience supplémentaire choisie				
10	Élevé	Grand	Grand	Aucune

4.3.1   Environnement de tests

Les sessions définies dans la sous-section précédente ont été exécutées dans le simulateur Qualnet version 3.9 développé par Scalable Network Technologies. Les caractéristiques du poste informatique utilisé sont décrites dans le tableau 4.3.

TABLEAU 4.3 Configuration matérielle et logicielle du poste de simulation

Composant	Description
Processeur	Intel Pentium IV 1.8GHz
Mémoire RAM	768 MB DDR 333MHz
Disque Dur	40 GB IDE
Système d'exploitation	Windows XP avec Service Pack 2

4.3.2   Information additionnelle sur les exécutions effectuées

Transferts de donnée

Deux connexions CBR (Constant Bit Rate) ont été définies entre des paires de nœuds distants se trouvant initialement aux deux bouts du réseau. De cette manière, un nombre maximal de nœuds seront sollicités, les obligeant à retransmettre les messages afin qu'ils atteignent le destinataire. Les connexions CBR offrent des transmissions périodiques de paquets de même taille dans le but d'assurer un débit constant. Les détails sur ces transferts sont présentés dans le tableau 4.4.

TABLEAU 4.4 Détails sur les connexions utilisées

Paramètre	Connexion 1	Connexion 2
Adresse source	192.0.0.46	192.0.0.9
Adresse Destination	192.0.0.5	192.0.0.29
Début d'émission (sec)	10	1
Intervalle d'émission (sec)	1	1
Nombre de paquets à envoyer	170	179
Taille des paquets (octets)	512	512

Temps de simulation

Étant donné l'apprentissage rapide des nœuds et l'intelligence artificielle très limitée des attaquants, il n'est pas nécessaire d'effectuer des simulations de très longue durée afin de constater le comportement du système. En effet, les nœuds malicieux laissent tomber systématiquement tous les messages reçus alors que les attaquants complices détectent en tout temps un bon comportement de la part de son voisin malicieux, et par conséquent, n'avertissant pas la source lors d'une erreur de transmission. Le temps de simulation a été fixé à 3 minutes pour les scénarios avec aucune mobilité des nœuds, et à 5 minutes lorsque la topologie du réseau est très dynamique.

La graine aléatoire et le nombre d'exécution

Plusieurs aspects de la simulation relatent du domaine aléatoire. Pour ne citer que quelques exemples, le mouvement des nœuds ou encore la sélection des attaquants dans un réseau s'effectuent selon une fonction aléatoire. Or dans un environnement informatique où chaque calcul est déterministe, il s'agit plutôt d'un pseudo-aléatoire. Il est donc important d'effectuer un nombre assez grand d'exécutions avec différentes graines aléatoires afin d'obtenir des résultats représentatifs. 30 essais par scénario ont été effectués, chacun avec une graine aléatoire unique (de 1 à 30). Les résultats affichés constituent donc une moyenne des 30 exécutions simulées par scénario. Il est possible de faire appel au théorème central limite ou encore à la distribution de Student, dans le cas où les observations ne sont pas corrélées, afin d'obtenir un nombre plus exact d'exécutions permettant de satisfaire une erreur maximale tolérable définie. Ces techniques avancées n'ont cependant pas été utilisées dans le cadre de ce travail.

Comme le montre la figure 4.1, le choix de la graine aléatoire a un impact direct sur le débit.

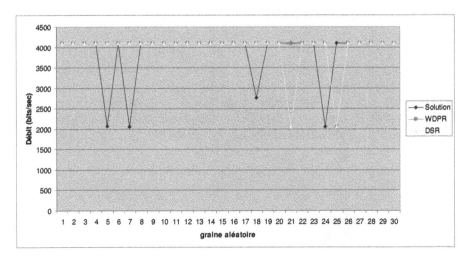

FIGURE 4.1 Influence de la graine aléatoire dans un environnement fixe sans attaquant

Malgré l'absence d'attaquants dans le réseau et l'immobilité des nœuds, le graphe révèle quelques chutes importantes du débit pour certaines valeurs de la graine aléatoire, notamment les graines 5, 7 et 24 qui, pour la solution proposée, diminue de moitié le débit. Celles-ci sont principalement causées par des collisions lorsque deux émissions à proximité ont lieu au même moment alors que le senseur de porteuse leur a donné le feu vert juste auparavant. D'ailleurs, la solution développée propose le concept des consensus locaux permettant aux nœuds légitimes d'échanger localement les alertes de transitions sur les nœuds voisins immédiats. Malgré qu'un délai aléatoire (jitter) est imposé à chacune des transmissions afin d'éviter des collisions, le fait que le trafic local est plus important, comparativement aux autres protocoles étudiés, désavantage la solution dans un environnement sans attaquant. En effet, le graphe révèle deux baisses de débit pour DSR alors qu'une seule graine aléatoire affecte la solution watchdog-pathrater.

4.3.3 Expérience "1 facteur à la fois"

Une expérience "1 facteur à la fois" consiste, comme son appellation l'indique, à faire varier un facteur à la fois tandis que les autres sont gardés constants. Cette expérience a comme objectif de constater l'influence d'un seul facteur sur les indices de performance et ainsi, par exemple, de déduire si certains facteurs sont corrélés. Les résultats des différentes sessions établies lors de la sous-section précédente seront maintenant présentés.

Influence du nombre de nœuds

Le choix des niveaux des facteurs qui demeurent constants lors des sessions, visant à découvrir la réaction du protocole face à un nombre de nœuds variant, a été effectué en considérant les objectifs de sécurité à accomplir. Dans ce contexte, il est plus justifié de considérer un réseau avec un certain nombre de nœuds malicieux et complices. Le graphe 4.2 montre l'influence du nombre total de nœuds sur le protocole sécuritaire proposé dans un environnement sans mobilité avec 20% des nœuds malicieux et 35% complices.

Les résultats montrent bien que les transferts ne peuvent être effectués sans interruptions majeures dans un réseau avec un taux moyen d'attaquants opérant en deçà de 25 nœuds. Puisque le territoire à couvrir est de 2000 mètres carrés, il est important que le réseau comporte assez de nœuds à proximité afin que le message puisse s'acheminer jusqu'à la destination. D'ailleurs, le faible débit de 715 bits par seconde obtenu lorsque la taille du réseau est de 15 nœuds en témoigne. Paradoxalement, un nombre trop élevé de nœuds causerait de l'interférence majeure et favoriserait les collisions, empêchant ainsi le message d'être capté. Ce raisonnement explique la petite baisse de débit d'environ 100 bits par seconde lorsque le réseau passe de 35 à 60 nœuds. Les simulations suivantes ont tout de même été effectuées avec 60 nœuds dans le but d'agglomérer un nombre suffisant d'alertes afin de converger plus précisément vers la réputation des nœuds voisins lors des consensus locaux.

Comparaison

Afin de bien distinguer les particularités de la solution proposée qui influencent le débit dans le cas où uniquement la taille du réseau varie, une comparaison avec les protocoles DSR et watchdog-pathrater prend alors toute son importance. La figure 4.3 suivant montre les résultats obtenus dans un réseau à nœuds fixes dont 20% sont malicieux et 35% sont complices. Cet environnement a été sélectionné dans le but d'observer le comportement des mécanismes de protection ajoutés à la solution proposée face à un nombre variant de nœuds fixes.

L'observation la plus évidente sur l'histogramme est de constater que le protocole DSR offre des résultats moins convaincants que les autres protocoles. En effet, dans un réseau constitué de 60 nœuds moyennement sollicités avec des attaquants, DSR est près de 24% moins performant que watchdog-pathrater. L'absence de mécanismes sécuritaires lui permettant de s'adapter au réseau en exploitant davantage les nœuds légitimes explique ces résultats décevants.

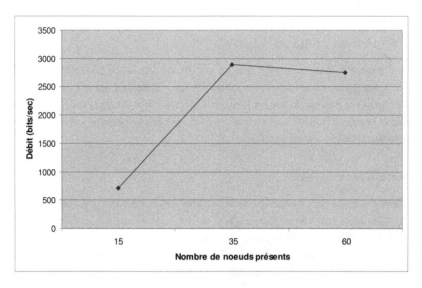

FIGURE 4.2 Effet du nombre de noeuds dans un réseau fixe avec 20% malicieux et 35% complices

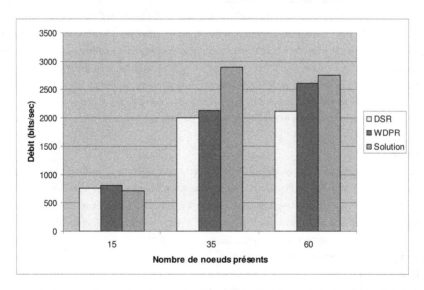

FIGURE 4.3 Comparatif pour des réseaux de taille variable et composés de 20% malicieux et 35% complices

En second lieu, le débit moyen obtenu avec la solution proposée se compare à celui de watchdog-pathrater lorsque le réseau est composé de 60 nœuds fixes, mais se démarque fortement dans un environnement constitué de 35 nœuds. La performance de la solution développée atteint alors 2886 bits par seconde alors que watchdog-pathrater et DSR offre respectivement 2125 et 1996 bits par seconde. En effet, lorsque la densité dépasse un certain seuil, le mécanisme de consensus local développé dans la solution proposée est propice aux collisions locales, diminuant ainsi le débit. Le réseau de 60 nœuds favorise donc l'intervention des nœuds surveillants lors d'une attaque complice, mais le débit s'en trouve également affecté par les nombreuses collisions dues aux échanges d'alertes de transition d'état entre voisins immédiats. Il est possible de limiter ces échanges en optimisant certains seuils afin d'éviter les fréquentes migrations d'état. D'ailleurs, les résultats montrent bien que les configurations établies sont près d'être optimales pour un réseau de 35 nœuds en offrant une performance supérieure de 45% comparativement à DSR et 36% comparativement à watchdog-pathrater. L'intervention des nœuds surveillants lors des attaques complices vient pallier le choix plus limité des chemins disponibles. Cette taille plus petite du réseau limite également l'interférence inter-nœuds, diminuant ainsi le nombre de collisions lors des consensus locaux. Par contre, une taille trop petite du réseau limite également le nombre de nœuds surveillants et les routes alternatives que ces derniers peuvent emprunter afin de retransmettre les messages perdus lors d'une attaque complice. D'ailleurs, les résultats peu satisfaisants obtenus dans un réseau de 15 nœuds en témoignent.

Dans le cas du watchdog-pathrater, plus les nœuds sont nombreux, plus le choix des routes est varié et, par conséquent, la probabilité de trouver une route fiable augmente. En disposant uniformément les nœuds dans le terrain, les résultats montrent une chute de débit de 23% lors de la transition de 60 à 35 nœuds, conséquence directement liée à la sélection plus limitée des routes.

Influence du pourcentage de nœuds malicieux

Les nœuds qui laissent volontairement tomber des paquets portent l'appellation de nœuds malicieux. Il s'agit d'un des facteurs primaires qui permet de valider la qualité de la solution sécuritaire proposée. Le réseau a été maintenu à 60 nœuds fixes sans aucun nœud complice durant les simulations. Le graphe 4.4 montre l'influence du pourcentage de nœuds malicieux sur la solution proposée.

Les résultats obtenus dans ces circonstances sont hautement prédictibles. En effet, l'introduction de nœuds malicieux cause une baisse initiale du débit d'environ 29% qui tend cependant à se stabiliser avec l'ajout subséquent d'attaquants. Cette réaction est typique du système proposé avec l'utilisation des nœuds surveillants qui s'occupent de retransmettre les messages égarés à la destination suivant une route alternative. Le fait qu'il s'agit bien du nœud surveillant qui retransmet le message sans que la source n'attende une alerte d'attaque pour qu'elle réachemine elle-même le message favorise grandement le débit. En effet, puisqu'il est plus probable que les surveillants possèdent une route alternative vers la destination contenant un nombre inférieur que celle trouvée par la source, la probabilité qu'un nœud malicieux se trouve dans la route sélectionnée par le surveillant est plus faible que dans le chemin choisi par la source. Suivant ce raisonnement, cette stabilité ne sera pas satisfaite lorsque le pourcentage de nœuds malicieux dépasse le seuil critique tolérable. En effet, si chacune des

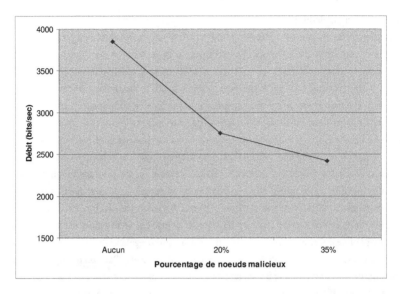

FIGURE 4.4 Influence du pourcentage de nœuds malicieux dans un réseau avec 60 nœuds fixes et aucun attaquant complice

routes alternatives sélectionnées par les surveillants contiennent un ou plusieurs nœuds malicieux, ou encore si les surveillants mêmes sont malicieux, le débit s'en trouvera grandement diminué.

Comparaison

Une fois le comportement du système face à un pourcentage variant de nœuds malicieux étudié, il est important de comparer les résultats face à différents protocoles existants. La figure 4.5 affiche les résultats obtenus pour DSR, watchdog-pathrater et la solution proposée dans un réseau composé de 60 nœuds fixes non-complices.

La contre-performance de la solution proposée dans un environnement caractérisé par l'absence d'attaquant s'explique par une utilisation locale plus intense de la bande passante due aux consensus locaux obligeant les nœuds voisins immédiats à échanger les alertes de transition d'état. Ce concept offre une situation plus propice aux collisions augmentant ainsi légèrement les délais de transmissions. Il est à noter qu'il est possible de remédier à la situation en optimisant les seuils de transitions en allégeant, par exemple, les critères d'admissibilité pour la classe MEMBRE-PRIVILÈGE. Ce changement provoquera une transition plus rapide vers la classe la plus fiable tout en évitant les nœuds de migrer vers une classe alternative et ainsi éviter les consensus locaux. Cette optimisation requiert cependant une grande quantité préalable d'information, souvent indisponible, afin de prédire le taux de nœuds malicieux. Les simulations ont donc été effectuées sans optimisation afin de généraliser l'environnement d'application.

Puisque DSR n'inclut pas la sous-couche applicative sécuritaire, ce protocole de routage est très vulnérable à l'introduction de nœuds malicieux. En effet, il suffit qu'un nœud ne retransmettant pas les messages soit présent dans la route sélectionnée par la source afin que la connexion échoue com-

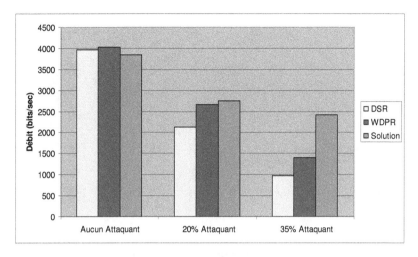

FIGURE 4.5 Comparaison des protocoles avec différents pourcentage de noeuds malicieux dans un environnement fixe sans attaquant complice

plètement. D'ailleurs, la transition vers un réseau constitué de 20% d'attaquants à partir d'un réseau totalement légitime entraîne une chute de 46% du débit reçu alors que la réduction se situe à près de 76% lorsque 35% des nœuds du réseau sont malicieux. La solution watchdog-pathrater offre une sécurité accrue contre les attaques actives internes en alertant la source qui retransmettra le message par une route alternative. Ce mécanisme impose cependant un délai supplémentaire comparativement à la possibilité par un nœud surveillant de retransmettre lui-même le message. Suivant ce raisonnement, plus le pourcentage de nœuds malicieux est important tout en étant inférieur à la limite tolérable par le réseau, plus la solution proposée sera favorisée par rapport aux autres. En effet, la solution proposée s'illustre davantage lorsque le taux de nœuds malicieux devient plus important en offrant un débit de 2422 bits par seconde comparativement à 1392 bits par seconde avec la solution watchdog-pathrater.

Influence du pourcentage de nœuds complices

Il suffit de déjouer les standards définis par watchdog et pathrater en ignorant les comportements anormaux des voisins afin d'accomplir une attaque complice. Ce type d'attaque est relativement difficile à détecter d'où la raison qui explique l'absence de mécanisme qui permet de les contrer. La solution proposée base les nouveaux concepts développés autour de cette problématique. Le graphe 4.6 montre l'influence du pourcentage de nœuds malicieux dans un réseau composé de 60 nœuds fixes dont 20% sont malicieux.

Il est important de rappeler que l'objectif primaire de la solution développée est de contrer les attaques complices. Les résultats obtenus montrent une très légère variation du débit (entre 2752 et 2732 bits par seconde) confirmant l'indépendance entre le débit et le pourcentage d'attaquants complices. Par contre, un taux trop élevé provoquerait l'absence de nœuds surveillants légitimes pouvant

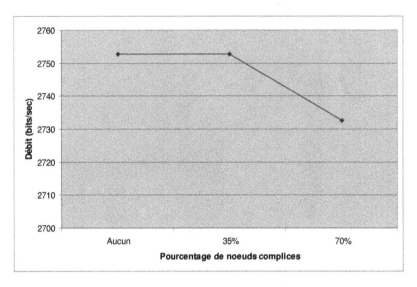

FIGURE 4.6 Influence du pourcentage de nœuds complices dans un réseau de 60 nœuds fixes et 20% malicieux

coopérer lors des attaques complices. À l'inverse, un taux trop faible ne permettrait pas à un nœud malicieux d'avoir un voisin immédiat complice par lequel le message lui sera envoyé.

Comparaison

Afin de comparer la performance des divers protocoles face à différents taux de nœuds complices, 60 nœuds fixes dont 20% sont malicieux ont été répartis uniformément dans un espace de 2000 x 2000 mètres. La figure 4.7 illustre les résultats.

Les résultats montrent un comportement similaire entre le protocole DSR et la solution proposée en offrant un débit constant peu importe le taux d'attaquants complices présent dans le réseau. Étant purement un protocole de routage sans aucun mécanisme de sécurité, DSR n'est donc pas affecté par les attaques complices. En effet, ces attaques visent uniquement les solutions basées sur la réputation des nœuds qui tentent de limiter les effets des attaques actives internes de manière réactive. L'impact sur le débit se limite alors au taux de nœuds malicieux qui ne retransmettent pas les messages. D'ailleurs, grandement affecté par les attaques byzantines, DSR offre la pire performance des trois protocoles étudiés avec un débit de 2124 bits par seconde.

Le fait que la solution watchdog-pathrater ne définit aucun champ d'action aux nœuds à proximité non concernés par un message lors de la détection d'un comportement anormal, rend ce système vulnérable aux attaques complices. Ainsi, lorsque 70% des nœuds formant le réseau sont complices, le débit de 2171 bits par seconde s'approche de celui offert par le protocole DSR. Ce taux de nœuds malicieux peut sembler élevé à première vue, mais il faut tenir compte que les attaquants sont choisis aléatoirement et que les effets ne se font ressentir que lorsqu'un nœud complice précède un attaquant malicieux. Dans la pratique, la mise en place stratégique de deux attaquants qui se suivent afin de

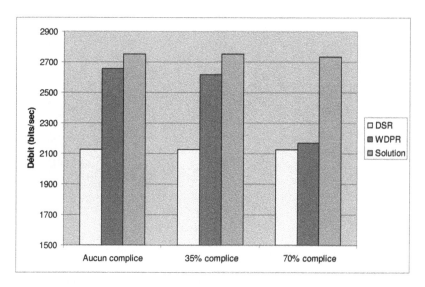

FIGURE 4.7 Comparaison des protocoles avec différents pourcentages de noeuds complices et 20% d'attaquants malicieux

perturber la retransmission des messages est une opération très simple à effectuer.

Influence de la mobilité

Les réseaux ad hoc se distinguent par une topologie dynamique due à la mobilité des nœuds. Le temps de convergence du protocole nécessaire à la découverte de nouvelles routes suite aux bris imprévus constitue donc un aspect essentiel à évaluer dans un tel contexte. Le débit en aval par les deux nœuds destinataires a été conservé comme indice de performance. Le graphe 4.8 montre la réaction de la solution proposée face à un réseau de 60 nœuds légitimes avec une mobilité variante.

Les résultats montrent une faiblesse évidente dans l'adaptation aux changements topologiques du réseau en voyant le débit diminuer de 3848 à 708 bits par secondes dans le cas d'une mobilité forte. Plusieurs facteurs contribuent au déclin important du débit. D'abord, la topologie locale maintenue au niveau de chaque nœud nécessite de nombreuses mises à jour. Cependant, dans un tel environnement, la perte des alertes d'erreurs de route peuvent être nombreuses provoquant donc un certain décalage entre la topologie réelle du réseau et celle perçue par les nœuds. Or, plusieurs concepts importants se basent sur les informations de localisation des nœuds afin de favoriser l'exploitation des nœuds légitimes et en évitant les routes à risque.

L'arrivée continuelle de nouveaux nœuds et le départ de ceux connus dans l'entourage immédiat d'un nœud influencent le débit à deux niveaux. D'une part, l'impossibilité d'effectuer un apprentissage à moyen ou long terme empêche de classer précisément les nœuds et de leur attribuer une réputation adéquate. La majorité des nœuds se retrouveront donc dans la classe NOUVEAU où ils voient leurs actions limitées à la simple retransmission des messages. Le réseau ne profitera donc

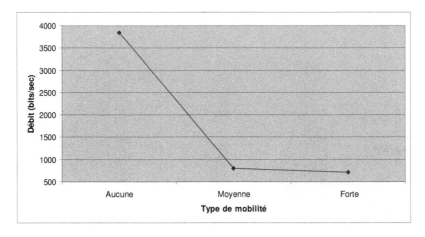

FIGURE 4.8 Influence de la mobilité dans un réseau de 60 nœuds sans aucun attaquant

pas des nœuds présents afin d'établir des consensus locaux ou de réagir lorsqu'ils sont témoins d'une attaque complice. D'autre part, puisqu'aucune propagation distante des échanges de réputation n'est effectuée, un attaquant mobile peut en tirer avantage en abusant du délai d'apprentissage sur un nœud et migrer dans un nouvel environnement. Il serait donc possible pour un nœud malicieux d'attaquer temporairement différents voisinages. Dans le cas où le réseau est principalement constitué de nœuds légitimes, il est nécessaire que cet attaquant réussisse à gagner une réputation adéquate afin qu'elle soit sélectionnée dans les routes, une tâche qui requiert beaucoup de temps et d'énergie qui pourrait en décourager plusieurs.

Comparaison

Un réseau de 60 nœuds légitimes initialement positionnés uniformément dans un terrain de 2km x 2km a été sélectionné afin de comparer les protocoles selon diverses mobilités des nœuds. L'histogramme 4.9 suivant montre les résultats obtenus.

Les éléments mentionnés précédemment influencent le débit, mais la raison principale qui explique cette contre-performance dans un réseau de nœuds mobiles provient du protocole de routage DSR sur lequel se sont basés watchdog-pathrater et la solution proposée. En effet, dans un réseau composé de nœuds mobiles le débit se situe alors entre 365 et 303 bits par seconde pour le protocole de routage DSR. Le nombre souvent important de nœuds par lesquels doivent transiger les erreurs de route qui signalent un bris de chemin, cause la perte de ces alertes empêchant la mise à jour des routes disponibles. Il s'agit d'un problème majeur intrinsèque au fonctionnement du protocole de routage DSR.

Néanmoins, la solution proposée pallie une partie de cet inconvénient en permettant aux nœuds surveillants légitimes de retransmettre les messages via une route alternative lorsque le nœud intermédiaire n'est plus à proximité. D'ailleurs, dans le cas de nœuds moyennement mobiles, elle offre un gain de performance de 164% comparativement à DSR et de 37% comparativement à la solution watchdog-pathrater. Cependant, puisque rien ne garantit que la topologie du nouveau chemin sélec-

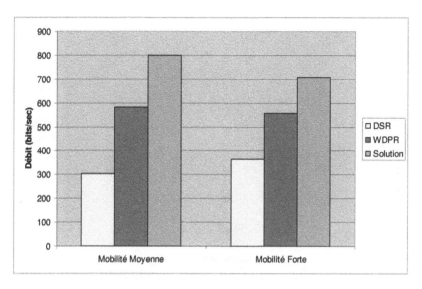

FIGURE 4.9 Comparaison des protocoles avec différente mobilité dans un environnement sans atta-quant

tionné par le surveillant demeure statique, les résultats demeurent tout de même peu satisfaisants dans un environnement aussi dynamique.

4.3.4 Expérience choisie

Dans la perspective de développer une solution plus efficace contre les attaques actives internes, il est essentiel de planifier une session qui place le réseau dans un environnement hautement hostile. Des simulations approfondies ont donc été effectuées sur un réseau ad hoc de 60 nœuds fixes dont 35% sont malicieux et 70% sont complices en étudiant à la fois le débit et le délai de bout en bout dans la couche 7 du modèle OSI. L'histogramme 4.10 montre les débits obtenus.

Ce scénario met en évidence la force de la solution proposée dans un environnement à haut risque d'attaques complices en offrant un gain considérable de 337% comparativement à son plus proche rival, la solution watchdog-pathrater. En optant pour un grand nombre de nœuds complices, le taux d'attaques complices, exigeant la présence d'un nœud complice suivi d'un malicieux, se rapproche donc de 35%. Les mécanismes développés ayant comme objectif de neutraliser rapidement ces attaques montrent donc leur efficacité. D'abord, les consensus locaux permettent une détection rapide et efficace des nœuds montrant des comportements anormaux. Ensuite, la sélection des chemins fiables s'effectue non seulement d'après la réputation des nœuds, mais également selon la disponibilité des nœuds surveillants qui peuvent intervenir lors de la détection d'une attaque complice en retransmettant le message perdu par une route alternative.

Les résultats montrent également la vulnérabilité du protocole watchdog-pathrater aux attaques complices en offrant un débit de 555 bits par seconde, similaire à celui de 486 bits par seconde de

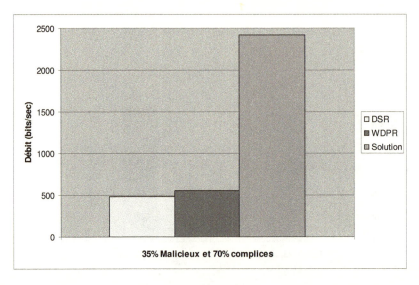

FIGURE 4.10 Comparaison des protocoles avec 35% d'attaquants malicieux et 70% d'attaquants complices

DSR. D'ailleurs, cette problématique s'étend sur tous les protocoles à base de réputation des nœuds disponibles et qui ont été étudiés lors du chapitre II.

Dans un autre ordre d'idées, les nouveaux mécanismes de sécurité implémentés ne viennent pas sans coût supplémentaire. En effet, leur mise en place nécessite des calculs plus exigeants influençant le délai moyen de bout en bout comme le montre l'histogramme 4.11 qui suit. Il est important de préciser que les connexions qui ont échouées, notamment dans les protocoles DSR et watchdog-pathrater, n'ont pas été considérées dans le calcul de cet indice de performance.

Alors que la solution watchdog-pathrater se limite aux calculs de réputation et à un seul calcul de fiabilité de route par message émis, la solution proposée permet aux nœuds légitimes intermédiaires de recalculer la fiabilité de chacun des chemins disponibles afin de rediriger le message vers celui le plus fiable. De plus, le trafic plus important généré par les consensus locaux ainsi que la recherche des nœuds surveillants légitimes viennent tous contribuer à l'augmentation du délai moyen de bout en bout. Cependant, d'un point de vue pratique, le délai d'environ 0.1 seconde obtenu dans un tel contexte réseautique ardûment mis à l'épreuve avec 35% de nœuds malicieux et 70% de nœuds complices est plus qu'acceptable. Il faut également souligner le fait que les délais dans les connexions échouées n'ont pas été pris en compte alors qu'ils devraient tendre vers l'infini, biaisant ainsi les résultats en faveur des protocoles DSR et watchdog-pathrater.

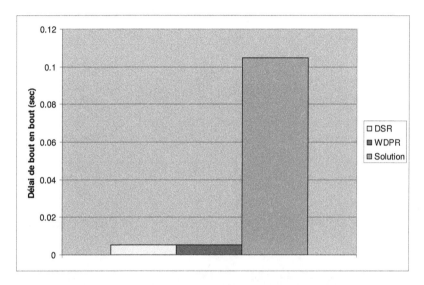

FIGURE 4.11 Comparaison des protocoles avec 35% d'attaquants malicieux et 70% d'attaquants complices

CHAPITRE 5

Conclusion

Les réseaux ad hoc gagnent énormément en popularité au point de former un des principaux groupements considérés dans les réseaux de prochaine génération. Plusieurs solutions conçues pour lesd réseaux filaires ont été adaptées afin d'assurer l'authentification et la confidentialité des données dans les réseaux mobiles ad hoc. Cependant, une fois les nœuds autorisés à participer au réseau, aucune infrastructure centralisée n'est disponible afin de filtrer les attaques internes. Diverses solutions basées sur la réputation des nœuds ont été présentées et analysées afin d'en déceler leur principale vulnérabilité : les attaques complices. Le travail a traité de la problématique des attaques actives internes complices dans les réseaux mobiles ad hoc. Une solution offrant une classification exhaustive des nœuds tout en permettant de connaître l'avis de ses pairs sur lui-même et ses voisins immédiats a été proposée. Un raffinement au niveau du calcul de la fiabilité d'une route a également été développé dans l'intention d'exploiter la disponibilité des nœuds surveillants et ainsi éliminer ou atténuer les effets d'une attaque complice. Ce chapitre présente d'abord une synthèse des travaux réalisés pour ensuite en délimiter ses bornes et élaborer sur les limites des méthodes proposées. La section sur les travaux futurs viendra ensuite conclure le travail.

5.1 Synthèse des travaux réalisés

Le consensus local permet un échange de réputation sur les nœuds voisins immédiats. De cette manière, les nœuds connaissent leur réputation par rapport à leur entourage pour ainsi permettre de limiter leur champ d'action dépendamment de leur classe. La propagation limitée des échanges affaiblit les risques de diffamation en permettant de se fier sur les observations directes. En effet, une première validation est portée sur les droits de la source de l'alerte alors que la deuxième s'assure que la réputation émise ne s'écarte pas trop de celle établie par les observations de premier ordre.

Une classification plus exhaustive des nœuds a également été détaillée en proposant une légère modification à celle établie dans la solution Routeguard. La classe MEMBRE a été éclatée en trois sous-classes afin de mieux cerner les différents nœuds légitimes présents dans le réseau. Limitant le nombre de transitions entre chacune des classes, le système de classification proposé empêche l'abus des seuils de transition et permet de mieux délimiter le champ d'action des nœuds.

La principale contribution de ce travail est de proposer un mécanisme permettant de contrer les effets des attaques complices internes. Ainsi, un nouveau concept a été introduit dans le calcul de la fiabilité d'une route afin de sélectionner un chemin non seulement par rapport à la réputation des nœuds qui le composent, mais également selon le nombre et la qualité des surveillants disponibles. Afin de les découvrir, une extension du protocole DSR a été proposée permettant de conserver de manière réactive la topologie locale du réseau. Un tableau statique de taille N par N (où N est le nombre de nœuds présents dans le réseau) est mis à jour à toute détection d'erreurs de route ou lors des changements topologiques du réseau.

5.2   Limites des méthodes proposées

La sécurité dans les réseaux est un domaine extrêmement large et varié au point où un sujet de recherche très bien spécifié va tout de même entraîner certains aspects irrésolus. Cette sous-section traite des limites identifiées dans le cadre de la recherche effectuée.

Il est essentiel pour tous les nœuds d'avoir une vision globale de la topologie de son entourage afin de dénombrer les nœuds surveillants lors du calcul de la fiabilité des routes. Or, dans un environnement mobile où les changements topologiques sont nombreux, les mécanismes utilisés ne sont pas performants, causant ainsi un décalage entre la topologie réelle et celle visionnée par les nœuds.

Les concepts développés performent généralement mieux dans un environnement contenant plusieurs nœuds. Cependant, une densité trop élevée cause un trafic local très élevé lors des consensus locaux provoquant des congestions importantes. Lors de la recherche du chemin le plus fiable, un grand nombre de nœuds implique également des calculs plus intensifs dus à la quantité de routes disponibles et au nombre de nœuds surveillants disponibles.

5.3   Travaux futurs

Les différentes avenues qui peuvent être empruntées afin d'améliorer la solution proposée sont présentées dans cette dernière section. Alors que les limites mentionnées sont intrinsèques au protocole, les travaux futurs présentent différentes idées stratégiques qui peuvent être concrétisées.

5.3.1   Indépendance par rapport au protocole de routage

Les divers mécanismes sécuritaires développés forment la sous-couche applicative de niveau 3 qui vient se juxtaposer au protocole de routage. Cependant, certaines liaisons étroites existent entre la solution proposée et le protocole de routage DSR qui rendent ces deux entités dépendantes. Afin d'utiliser la solution proposée sur d'autres protocoles de routage, des extensions propres à la solution devront être développées afin de reprendre certaines propriétés essentielles de DSR.

5.3.2   Algorithmes de détection d'attaques

L'élaboration d'algorithmes de détection d'attaques consiste en une étape cruciale pour tout système de détection d'intrus. Chaque algorithme peut constituer un sujet de recherche en soi dû à sa complexité élevée notamment par le masquage de son fonctionnement afin d'éviter aux attaquants de le contourner. Suite à la conception des algorithmes, différentes pénalités peuvent leur être attribuées dépendamment de leur niveau d'efficacité de détection et de leurs impacts sur le réseau.

5.3.3 Seuils et autres constantes dynamiques

Lors des simulations, plusieurs paramètres importants, tels que les seuils de transition ou encore le nombre minimal de surveillants entre chaque paire de nœuds qui composent la route, ont été gardés constants. Puisque ces configurations dépendent des informations disponibles sur le réseau, il est possible de les rendre dynamiques en s'adaptant aux différentes conditions évolutives du réseau. Par exemple, dans l'éventualité d'un trafic soudain plus important, les seuils de transition et les pénalités peuvent être adoucis afin d'éviter la détection de faux positifs et punir sévèrement des nœuds légitimes. Les débits optimaux pourront alors être atteints peu importe les variations subies par le réseau.

Bibliographie

AFERGAN, M. (2006). Using repeated games to design incentive-based routing systems. *INFOCOM*. 2006.

ANDEREGG, L. et EIDENBENZ, S. (2003). Ad hoc-vcg : a truthful and cost-efficient routing protocol for mobile ad hoc networks with selfish agents. *MobiCom '03 : Proceedings of the 9th annual international conference on Mobile computing and networking*. ACM, New York, NY, USA, 245–259. 2003.

BOHACEK, S., HESPANHA, J., LEE, J., LIM, C. et OBRACZKA, K. (2007). Game theoretic stochastic routing for fault tolerance and security in computer networks. *IEEE Trans. Parallel Distrib. Syst.*, 18, 1227–1240.

BUCHEGGER, S. et BOUDEC, J.-Y. L. (2002). Performance Analysis of the CONFIDANT Protocol : Cooperation Of Nodes. *Proceedings of the Third ACM International Symposium on Mobile Ad Hoc Networking and Computing*. Lausanne, pp. 226–236. Juin 2002.

COSTA-REQUENA, J., KANTOLA, R. et BEIJAR, N. (2005). Incentive problem for ad hoc networks scalability. *ICAS-ICNS '05 : Proceedings of the Joint International Conference on Autonomic and Autonomous Systems and International Conference on Networking and Services*. IEEE Computer Society, Washington, DC, USA, 70. 2005.

EIDENBENZ, S., RESTA, G. et SANTI, P. (2008). The commit protocol for truthful and cost-efficient routing in ad hoc networks with selfish nodes. *IEEE Transactions on Mobile Computing*, 7, 19–33.

FELEGYHAZI, M., MEMBER, S., PIERRE HUBAUX, J., MEMBER, S. et BUTTYAN, L. (2006). Nash equilibria of packet forwarding strategies in wireless ad hoc networks. *IEEE Transactions on Mobile Computing*, 5.

GHOSH, T. et PISSINOU, N. (2005). Towards designing a trusted routing solution in mobile ad hoc networks. *Mobile Networks and Applications*, vol. 10, pp. 985–995.

GHOSH, T., PISSINOU, N. et MAKKI, K. (2004). Collaborative trust-based secure routing against colluding malicious nodes in multi-hop ad hoc networks. *29th Annual IEEE International Conference*. Tampa, pp. 224–231. Novembre 2004.

HASSWA, A., ZULKERNINE, M. et HASSANEIN, H. (2005). Routeguard : An intrusion Detection and Response System for Mobile Ad Hoc Networks. *IEEE International Conference on Wireless and Mobile Computing Volume 3*. Montreal, pp. 336–343. Août 2005.

HU, Y., PERRIG, A. et JOHNSON, D. (2002). Ariadne : A Secure on-Demand Routing Protocol for Ad Hoc Networks. *Proceedings of the Eighth annual International Conference on Mobile Computing and Networking*. Atlanta, pp. 12–23. Septembre 2002.

JARAMILLO, J. J. et SRIKANT, R. (2007). Darwin : distributed and adaptive reputation mechanism for wireless ad-hoc networks. *MobiCom '07 : Proceedings of the 13th annual ACM international conference on Mobile computing and networking*. ACM, New York, NY, USA, 87–98. 2007.

JOHNSON, D., MALTZ, D. et HUE, Y.-C. (2004). *RFCDRAFT : The Dynamic Source Routing Protocol for Mobile Ad Hoc Networks (DSR)*. IETF. Status : DRAFT revision 10.

KONG, J., HONG, X. et GERLA, M. (2003). A new set of passive routing attacks in mobile ad hoc networks. *Proceedings of IEEE Military Communications Conference (MILCOM)*. Boston, pp. 796–801. Octobre 2003.

LIU, Z., JOY, A. et THOMPSON, R. (2004). A Dynamic Trust Model for Mobile Ad Hoc Networks. *Tenth IEEE International Workshop on Future Trends of Distributed Computing Systems*. Suzhou, pp. 80–85. Mai 2004.

LU, B. et POOCH, U. W. (2004). A game theoretic framework for bandwidth reservation in mobile ad hoc networks. *Quality of Service in Heterogeneous Wired/Wireless Networks, International Conference on*, 0, 234–241.

MACKENZIE, A. B. et DASILVA, L. A. (2006). *Game Theory for Wireless Engineers (Synthesis Lectures on Communications)*. Morgan & Claypool Publishers.

MARSHALL, J., THAKUR, V. et YASINSAC, A. (2003). Identifying flaws in the secure routing protocol. *Proceedings of The 22nd International Performance, Computing, and Communications Conference (IPCCC)*. Phoenix, pp. 167–174. Avril 2003.

MARTI, S., GIULI, T., LAI, K. et BAKER, M. (2000). Mitigating routing misbehavior in mobile ad hoc networks. *6th International Conference on Mobile Computing and Networking (Proceedings of MobiCom)*. Boston, pp. 255–265. Août 2000.

NAKAOKA, K., OBA, M. et TASAKA, S. (2006). Lqhr : A link quality-based hybrid routing protocol for wireless ad hoc networks. *PIMRC*. 1–8. 2006.

PERRIG, A., HU, Y. et JOHNSON, D. (2001). Efficient and Secure Source Authentication for Multicast. *Network and Distributed System Security Symposium*. San Diego, pp. 35–46. Fèvrier 2001.

QIU, Y. et MARBACH, P. (2003). Bandwidth allocation in ad hoc networks : a price-based approach. vol. 2, 797–807 vol.2. March-3 April 2003.

RAZAK, S., FURNELL, S., CLARKE, N. et BROOKE, P. (2006). A Two-Tier Intrusion Detection System for Mobile Ad Hoc Networks - A Friend Approach. *Proceedings of the IEEE International Conference on Intelligence and Security Informatics Conference (ISI)*. San Diego, pp. 590–595. Mai 2006.

REBAHI, Y., MUJICA-V., V., SISALEM, D., FOKUS, F. et AUGUSTA, K. (2005). A Reputation-Based Trust Mechanism for Ad hoc Networks. *Proceedings of the tenth IEEE Symposium on Computers and Communications*. Murcia, pp. 37–42. Juin 2005.

ROSSI, A. et PIERRE, S. (2009). Collusion-resistant reputation-based intrusion detection system for manets. *International Journal of Computer Science and Network Security (IJCSNS)*, 9, 8–14.

SANZGIRI, K., DAHILL, B., LEVINE, B., SHIELDS, C. et BELDING-ROYER, E. (2005). A Secure Routing Protocol for Ad hoc Networks. *IEEE Journal on Selected Areas in Communications*, vol. 23, pp. 598–610.

SRIVASTAVA, V., NEEL, J. O., MACKENZIE, A. B., MENON, R., DASILVA, L. A., HICKS, J. E., REED, J. H. et GILLES, R. P. (2005). Using game theory to analyze wireless ad hoc networks. *IEEE Communications Surveys and Tutorials*, 7, 46–56.

YANG, H., LUO, H., YE, F., LU, S. et ZHANG, L. (2004). Security in Mobile Ad Hoc Networks : Challenges and Solutions. *IEEE Wireless Communications*, vol. 11, pp. 38–47.

YOO, Y. et AGRAWAL, D. (2006/12/). Why does it pay to be selfish in a manet? *IEEE Wireless Communications*, 13, 87 – 97.

ZHONG, S., CHEN, J. et YANG, Y. (2003//). Sprite : a simple, cheat-proof, credit-based system for mobile ad-hoc networks. Piscataway, NJ, USA, vol. vol.3, 1987 – 97. Sprite ;cheat-proof credit-based system ;mobile ad-hoc networks ;mobile nodes ;prototype ;. 2003//.